WAY OF THE TRADER
A COMPLETE GUIDE TO THE ART OF FINANCIAL TRADING

股市交易之道

交易艺术与技术的完整指南

[爱尔兰] 伊恩·墨菲（Ian Murphy）著　马林梅译

中国青年出版社
CHINA YOUTH PRESS

图书在版编目（CIP）数据

股市交易之道：交易艺术与技术的完整指南 /（爱尔兰）伊恩·墨菲（Ian Murphy）著；马林梅译 . —北京：中国青年出版社，2020.10
书名原文：Way of the Trader: A complete guide to the art of financial trading
ISBN 978-7-5153-6149-9

Ⅰ.①股… Ⅱ.①伊…②马… Ⅲ.①股票交易—基本知识 Ⅳ.①F830.91

中国版本图书馆 CIP 数据核字（2020）第 150744 号

Way of the Trader: A complete guide to the art of financial trading
Copyright © Ian Murphy.
Originally published in the UK by Harriman House Ltd in 2019, www.harriman-house.com through Beijing Tongzhou Culture Co.,Ltd
Simplified Chinese translation copyright © 2020 by China Youth Press.
All Rights Reserved.

股市交易之道：
交易艺术与技术的完整指南

作　　者	［爱尔兰］伊恩·墨菲（Ian Murphy）
译　　者	马林梅
策划编辑	肖颖慧
责任编辑	于　宇
文字编辑	肖颖慧
美术编辑	佟雪莹
出　　版	中国青年出版社
发　　行	北京中青文文化传媒有限公司
电　　话	010-65511270/65516873
公司网址	www.cyb.com.cn
购书网址	zqwts.tmall.com
印　　刷	大厂回族自治县益利印刷有限公司
版　　次	2020年10月第1版
印　　次	2020年10月第1次印刷
开　　本	787×1092　1/16
字　　数	202千字
印　　张	16
京权图字	01-2019-5651
书　　号	ISBN 978-7-5153-6149-9
定　　价	59.00元

版权声明

未经出版人事先书面许可，对本出版物的任何部分不得以任何方式或途径复制或传播，包括但不限于复印、录制、录音，或通过任何数据库、在线信息、数字化产品或可检索的系统。

中青版图书，版权所有，盗版必究

目 录

序言　亚历山大·埃尔德（Dr. Alexander Elder）博士 ········ 009
前言　·· 013

第一部分　交易者的工作　015

第1章　交易是一种工作还是一份事业 ·············· 017
天堂里的工作 /017
交易是一份事业，但是一份与众不同的事业 /018
现金为王 /019
没有壁垒，没有操纵 /020
交易和赌博 /020
赌博、保险和交易 /022

第2章　交易者和市场的关系 ·························· 025
市场女主人 /025
不断重生 /026
危机事件新闻报道人员 /027
沉闷的科学家 /029
交易者的观点 /030

第二部分　有关图表的说明　　　　　　　　　　033

第3章　一个指导方针：保本 …………………… 035
　　有关男性和女性交易者的一项研究 /035
　　结论 /037

第4章　两种选择：保持简单 …………………… 039
　　投资还是交易 /039
　　失去机会还是失去资本 /042
　　基本面分析还是技术分析 /043
　　是否运用保护性止损 /044
　　洗盘（Whipsaw）还是滞后（lag）/045
　　股票还是其他 /049

第5章　三种风格：趋势跟踪、波动交易和日内交易 ………… 055
　　市场上的时间范围 /055
　　趋势跟踪 /056
　　日波动交易 /061
　　日内交易 /063
　　结论 /065

第6章　四条腿：成功的交易者具备的属性 ………… 067
　　理性 /067
　　风险 /070
　　责任 /084
　　例行程序 /087
　　结论 /090

第7章　五个阶段：成功交易者的职业路径 ………… 091
　　鲁莽 /091
　　承认 /092

重振旗鼓 /094

例行程序 /110

回报 /112

第 8 章　六大优势：成功交易者的心理工具 …………… 115

没有所谓的思维定势 /115

追根溯源 /116

交易中的心态 /116

交易中的正念 /117

袖手旁观 /122

结论 /133

第 9 章　七大记录：交易者应保存的记录 ……………… 135

交易日记 /135

学习笔记 /137

八大核查事项 /137

交易日志 /138

我们的净资产曲线 /141

交易策略 /144

手工整理的数据 /145

第 10 章　八大核查事项：全面的交易前核查 …………… 147

背景介绍 /147

周日历和公历日历 /148

自我 /151

宏观经济情况 /151

经济及技术指标 /152

操作方法 /153

风险管理规则 /154

交易备忘录 /155

交易导师和伙伴 /155

媒体与财经新闻 /156

结论 /156

第 11 章 九大筛选因素：运用程序选定拟交易的股票 ………… 157

特性参考 /158

筛选程序 /158

第一步：一般性筛选 /159

第二步：与策略相关的筛选 /168

结论 /171

第 12 章 十大工具：技术指标和订单简介 ……………………… 173

五个基础性技术指标 /173

五种基础性订单 /191

第三部分　交易策略　　　　　　　　　　　　　　199

第 13 章 策略：缺陷美 …………………………………………… 201

信号和触发 /201

回测结果 /202

第 14 章 潮汐策略 ………………………………………………… 203

简介 /203

SPY /203

指标 /204

平滑异同移动平均线直方图 /205

信号 /206

保护性止损 /206

回测 /206

股息和交易费用 /208

5月卖出吗 /208

SPY上市之前 /209

在实践中运用该策略 /210

忍耐和保守 /211

利率收益曲线 /214

潮汐策略与被动交易策略 /214

提取现金 /215

杠杆ETFs /215

结论 /216

第15章 王尔德策略 …… 217

简介 /217

"井隅"里的生活 /217

不断攀升 /218

盈余公告 /221

股票筛查 /221

一览无遗 /223

讨论 /223

第16章 助涨策略 …… 225

简介 /225

新高—新低（NHNL）/225

三大通道 /226

六大信号 /231

运用助涨策略进行交易 /234

保护性止损价的设置 /235

价格反转模式 /236

风险管理 /236

回测结果 /241

　　股息、交易费用和通货膨胀 /242

　　结果分析 /242

　　进一步审视信号 /243

　　助长指标 /244

　　悲观情绪指标 /245

　　牛市中的交易 /246

　　熊市中的交易 /247

　　虚假的积极触发：市场内部信号 /247

　　混合交易风格和经验 /248

　　实时交易与跟进 /248

　　助跌策略 /249

第17章　一切才刚刚开始 …………………………… 251

致谢　　　…………………………… 253

WAY OF THE TRADER

序 言
亚历山大·埃尔德
（Dr. Alexander Elder）博士

这是我几十年来读过的文笔最为生动的书。

成功的交易既是一门科学，又是一门艺术，但大多数作家都忘记了艺术成分，醉心于枯燥的公式无法自拔。如果仅凭公式就能致富，那么哪家公司拥有最先进的计算机和最出色的程序员，哪家公司就能成为交易中的王者，但事实并非如此，原因就在于交易也是一门艺术。

市场不是能用精确的公式加以衡量的有形实体，它是许多人交易的场所，受不完善的大众心理规律的约束。我们大多数人，包括看似思维缜密的分析师，都是芸芸众生中的一员。不仅如此，你的感觉、欲望和恐惧都会影响你的视野，干扰你对市场现状所做出的判断。

伊恩·墨菲（Ian Murphy）也在本书中介绍了许多公式，但不同的是，他对交易者的人性描写着墨甚多，这会促使你直面市场中涌现的各种感觉，提出行之有效的解决方案。

大多数金融交易者都是赔钱的，这是一个鲜有人讨论的可悲事实。人们在牛市期间获得了一些账面利润，但当市场转向时，他们损失的更多。交易是一种负和博弈，不算上市场内外的专业人士，大多数人损失的钱都流进了精明而自律的少数人的腰包。如果你"像其他人一样"交易,那么你必将遭受损失,要成为市场中的赢家,你就必须与众不同。

这正是许多成功的交易者被视为"怪人"的原因。伊恩在本书中介绍了他对市场的"怪异"理解,以至于他当初告诉我写这本书的消息时,我建议将书名定为《交易者小妖精》(The Leprechaun Trader),后来,由于出版社比较保守,将书名定为了《股市交易之道:交易艺术与技术的完整指南》(Way of the Trader),这一名字虽真实地反映了本书的内容,却不如前者精彩。

伊恩堪称措辞大师,"被市场吸引的人往往精通技术分析,许多人都有商业和金融背景,多么可惜啊!""重要的是,我们在交易的一开始就注定了亏损的结局。"阅读这些文字时,我回想起了当年初涉交易时的情形。我在前两笔交易中赚了钱,这使我误以为在交易中赚钱很容易,之后我花了好几年时间才摆脱了这种错觉。

伊恩接着写道:"糟糕的交易者就如同糟糕的谈判者,每次他坐到谈判桌前时,他都注定会得到一份糟糕的合约""……要在市场上取得成功(超越自己),唯一的方法就是,以不符合交易者个性的方式行事……""保守不是抑制或控制某些事情,而是在正确的时间里做正确的事情"。

伊恩的书不只包括交易艺术的内容,还包括很多交易科学的内容,他就市场分析、指标和交易系统提供了诸多建议。我与朋友兼合伙人克里·洛夫恩(Kerry Lovvorn)创建了一个全球性的交易者社群网站(SpikeTrade.com),在过去几年里,伊恩一直是非常活跃的成员。他把书中介绍的许多工具和规则都归功于我俩,对此,我们不会全盘否认,毕竟他读过我们多年的文章,多少会潜移默化地受到我们思想的影响。

但伊恩以独特的方式呈现了这些思想。例如,我多年来一直对交易者强调，要保持资金的增长，最重要的是保持良好的交易记录，能做到这一点的交易者，其绩效都非常出色。伊恩写道："不可靠的人就像躲避瘟疫一样躲避记录，他们当面开展所有的业务，从不留下任何书面记录，因为他们知道，他们以后会矢口否认这些事实。当交易者没有保存正确的记录时，他们唯一欺骗的人是他们自己。"他接着列出了应做出书面记录的七个方面。

金融投资领域的文献浩如烟海，但伊恩的书宛如一股清新的空气，它真实、人性化，语言诙谐幽默。我相信你会手不释卷的，我希望在这本书的帮助下，你能成长为一名更出色的交易者。

《以交易为生（原书第2版）》（The New Trading for a Living）的作者

亚历山大·埃尔德

前 言

人在一生中会遇到许多美好的机会，如果你寻求的是金融机会，那么市场正是你要去的地方。在每个交易日里，有数万亿美元的资金通过全球金融系统流动，如果你愿意承担一定的风险，那么你就可能从中分得一杯羹。

私人交易者是指利用自有资金在市场上进行交易的人。世界上没有哪一种活动如交易活动一样，只需一台笔记本电脑就可以从全球市场大赚一笔，而且最重要的是，这么做完全是合法的。

多年来，对财富和自由的渴望吸引了许多交易者进入了市场，而且还会有新的交易者陆续进入，这没什么稀奇的。众所周知，世界上没有免费的午餐，更不用说免费的自助餐了。事实上，大多数想吃"免费午餐"的人最终不仅吃不到"免费午餐"，还不得不为打碎的盘子买单。

不费力就能赚到钱的地方很快就会被人们找到，而且很快就会有大量的人涌入。交易之所以晦涩难懂是因为，市场上汇聚了这个地球上最聪明的人。我有幸与他们中的一些人相识，我敢肯定这一点：他们时时刻刻都清楚自己在做什么。

从很多方面来看，交易者与独角戏喜剧演员相似，两种职业都靠观察社会和利用异常谋生，更重要的是，两种职业活动都只围绕一个问题展开。

就后者而言，这一问题是，独角戏喜剧演员是否滑稽有趣，其他一切都无关紧要。就前者而言，这一问题是，交易者能否将资金撤出市场，别的都无关紧要。

是否将资金撤出市场？要就这一问题不断做出决策，交易者就需要经受一番训练，本书的价值即在于此。本书内容共分三个部分：

第一部分真实地描述了交易者的工作，探讨了交易者与市场之间的关系。

第二部分共十章内容，介绍了全套的基础交易知识，包括各种交易风格和交易者为取得成功必须遵循的路径，交易者的"优势"以及如何利用这些优势。尽管每一章的内容都自成体系，但从整体来看，这十章是循序渐进的关系，而且我们假定读者目前已涉足了市场，因此我们会在一些章节揭示交易者如何通过管理风险和保存记录的方式处理赌博问题，而在另一些章节则介绍了专业人员运用的交易程序。其间我们也会揭示技术和基本面分析的内容。

最后，我们在第三部分介绍一些人人适用的交易策略。

沉迷于技术指标无法自拔、将交易复杂化是交易新手的一大通病，实际上，成功的交易只需要运用少量的基础知识，而且在大多数情况下，这些知识从本质上看不是技术性的。交易心理尤为重要。因此，本书采用了精练而不失个性的写作风格，尽可能地规避了金融术语。在很多人看来，这种写作风格颇为古怪和出人意料，但市场实际上就是这么运作的。不过，不要让轻松的轶事蒙蔽了你的双眼，你可以在本书中找到促使你成长为出色交易者所需要的一切。

我已竭尽全力把所有内容都阐释出来了，接下来就看你的了。问题是，你能消化吸收它们吗？

WAY OF THE TRADER

第一部分

交易者的工作

第1章

交易是一种工作还是一份事业

在开篇章节里，我们将仔细审视私人交易者的活动，探讨该行业中可能会让渴望试水的人感到吃惊的方方面面。

天堂里的工作

大约30年前，我决定搬到加那利群岛（Canary Islands）生活。我之前曾在那里度过假，我当时以为，在阳光明媚的海滩工作要比在利默里克（Limerick）的软盘工厂工作更有前途。等我到达那里后才发现，一切远没我想象中那般美好。我先是为酒吧和俱乐部发放了几周的传单，之后在一个建筑工地找了一份搬砖的工作。

我要顶着炎炎烈日把砖头搬到20层楼高的地方。六个月后，大楼竣工了，我们举办了一些庆祝活动。当天晚上，我与摩洛哥工友们坐在楼顶上一起吃羊头肉，我突然发觉，这里的生活不是我想要的。

就像对热带岛屿的憧憬一样，一眼望去，交易者的工作非常诱人。远处的山峦看起来总是会更翠绿一些，甚至看起来像是用美元堆砌而成的，但交易是很艰难的工作，大多数从事交易的人都不赚钱。

市场上从不缺少交易顾问，我们都听惯了这些陈词滥调："高抛低吸""卖掉亏损股，抱牢盈利股""买传闻，卖事实"。这些说法都很正确，但说起来容易做起来难。许多市场顾问就像被边缘化的政客，总是对别人应该做什么指手画脚，但却从不为自己的观点承担任何经济上的责任。

所有的政治事务可能都是地方性的，但所有的交易都是全球性的。当我们与市场建立联系时，我们的所有活动都会产生金融方面的影响，这一点可能会非常令人惊讶。每一次会议的召开、每一桶石油的开采、每一台机器的出售和每一颗子弹的射出都是有经济意义的，其影响最终都会显现出来。

我们大多数人都没有为体验如此庞大和复杂的系统做好准备。现代社会一直在迎合我们的需要，同时也在创建能保护我们免受自己和他人伤害的结构。在人们因为害怕冒犯他人而回避令人不快的事实的世界里，市场赤裸裸的直接性让人震惊。

从市场的角度来看，我们的交易努力只是向交易所提供的另一种数据流，它会与交易所收到的其他数据流汇聚在一起。市场对我们的感受和意见无动于衷，对我们个人也不了解。它所感知的只是一个小小的数据包，这个数据包会指示它执行订单，而它会接受数百万个类似的订单。

交易是一份事业，但是一份与众不同的事业

交易是以承担风险为前提的资金转移。我们可能认为自己正在买卖股票，但实际上我们正在经营一家从事风险交易的小企业。

因此，当我们开始交易时，我们要抛弃做一周工作、得一周工资的念头，我们对新交易的投入程度要与其他交易一样。

交易与其他事业略有不同，特点之一是，我们可以在适当的时候接通和切断收入源。我们可以在今年交易几周，在接下来的三年里停止交易，之后再稳定地交易六个月，然后又停下来休息。同时，我们不需要维护客户群，也不需要养活员工。

交易的另一个令人赞叹的特点是，它能够在不拓展业务的情况下快速地增加账户资金。例如，一名交易者可在同一市场上、运用同一台电脑从事200美元或200万美元的交易。市场有能力消化任一数量的资金并给予相应的投资回报。

若金融工具增值了15%，那么交易额为200美元的交易者会赚取30美元，而交易200万美元的人会赚取30万美元，但后者并不需要付出额外的努力，而且一切都发生在同一时间同一地点。

此外，所有的交易都可以立即结算，因此交易公司无须追债，这是交易的一大优势，因为许多初创公司将一半的时间花在了日常运营上，一半的时间花在了讨债上。

最后，当交易者觉得自己赚得盆满钵满时，他可以拍拍屁股走人，无须维护基础设施，无须承担其他责任。

现金为王

毋庸置疑，交易需要资金，我们账户里的资金越多，我们就越容易获得收益。大多数人一开始并无多少资金，因此需要攒钱。他们需要付出努力，需要做出个人牺牲。他们要节减所有不必要的开支，将每一分钱都用于偿还短期高息贷款。在这个过程中，他们也养成了自律、耐心和勤奋的习惯，这都是他们未来从事交易所需要的。

新手应该先进行模拟交易，模拟交易的金额应等同于他们实际希望交易的金额。如果他们自身资金不充足，需要管理他人的资金，那么模拟账户中的稳定记录将成为他们亮丽的名片，为他们的交易生涯增添光彩。

● CHAPTER 1 / 第 1 章

没有壁垒，没有操纵

进入壁垒高的行业往往利润丰厚，缺乏竞争，进入壁垒低的行业往往竞争激烈。交易行业没有进入壁垒，收益不确定，竞争异常激烈。

市场与其他工作环境一样，现有的专业人员要获得报酬，他们知道实现路径。在法律和医学行业，老手们不会仅因为自己要挣钱，就以不正当的手段给新手使绊子。当新手抱着发财的天真想法进入这些领域时，等待他们的必定是失望。

交易行业也是如此，新手要意识到交易环境的复杂性、构成要件和微妙之处。他们必须摸清门道，必须像其他人一样接受学徒式的训练。

交易和赌博

我第一次涉足金融交易的经历并不太令人愉快。当时，我与一名金匠共用一个工作间，从事贵金属的交易。一天，我们舒适的工作间被一群交易者拆除了，他们要在大厅里设立办公室。

这群人很有趣，他们虽然背景各异，却有一个共同点：都显得有些古怪。随着时间的流逝，我逐渐意识到，行为古怪的交易者很常见，实际上这可能是他们的一大优势。其中经验最丰富的一位交易者曾在华尔街的交易大厅里工作过，他是这群人的导师，对市场的感觉精准，头脑敏锐。

不幸的是，他也有些古怪，还好赌。显然，他妻子之前把他赶出了家门，后来他妻子掌握了家里的财政大权后才同意他回家。每天早上，他妻子会给他10英镑买午餐。他喜欢赌马，因此这点钱早早就被花光了。到午餐时间，他会跟我们一起侃大山，并趁机吃掉我一半的三明治，搞得我不堪重负，营养不良。

在学者们有关交易者行为的研究中，赌博是一个反复出现的话题。有关市场及其参与者的研究都非常有见地,特别是外部人员完成的研究。学者们研究这些话题的视角与金融从业者不同,因此他们的研究为我们更全面、理智地审视这些话题提供了宝贵的参考资源。我们喜欢把交易者和市场视为两个独立的实体,而学者们把交易者和市场视为一个整体。

阿洛克·库马(Alok Kumar)在2009年完成的一项研究中指出,赌博倾向和美国投资者做出的投资决策之间存在很强的关联性。[1]同一年,马克·格林布拉特(Mark Grinblatt)和马蒂·基洛哈茹(Matti Keloharju)在研究中指出,投资者喜欢寻求刺激的交易。[2]

在一项综合研究中,加利福尼亚大学的布拉德·巴伯(Brad Barber)和特伦斯·奥登(Terrance Odean)以及北京大学的李怡宗(Yi-Tsung Lee)和刘玉珍(Liu Yu-Jane)分析了中国台湾证券交易所1992—2006年间的所有交易数据后发现:"中国台湾地区彩票的发行与证券交易所的成交量大幅下跌存在关联。"[3]

许多赌徒在市场上交易,就跟他们从事其他活动一样,但成功的交易者不会赌博,理解二者间的差异是交易的核心问题。

一方面,赌徒冒金融风险是为了过把瘾或找乐子。获利的潜力能证明他们交易活动的正当性,但他们不做任何记录,因为他们怕事实打了他们的脸。一旦他们有了钱,无论当时条件如何,无论可能出现什么后果,他

---

[1] 阿洛克·库马(2009),《谁在股市里赌博》(Who Gambles in the Stock Market),《金融学期刊》(Journal of Finance),第64卷,第1889—1933页。

[2] 马克·格林布拉特和马蒂·基洛哈茹(2009),《寻求刺激、过度自信和交易活动》(Sensation Seeking, Overconfidence, and Trading Activity),《金融学期刊》,第64卷,第549—578页。

[3] 布拉德·巴伯、特伦斯·奥登、李怡宗和刘玉珍(2008),《个人投资者在交易中损失了多少》(Just How Much Do Individual Investors Lose by Trading),《金融研究评论》(Review of Financial Studies)

们都会下注。他们会把维持基本生活所需的钱，比如衣食住行所需的钱，都用来下注。如果有需要，为了满足他们的赌瘾，他们会放弃生活必需品。

随着时间的流逝，赌徒有赢有输，但从长远来看，他们永远都是输家。

另一方面，成功的交易者只受利润的驱动，他们会像保险公司的精算师一样思考交易问题。他们了解市场，会选择愿意承受的风险。他们知道，他们更有可能从市场获利而不是遭受损失。他们持续运用成熟的管理技术控制风险，并保持详细的记录。对他们而言，交易是例行工作；他们觉得交易很有趣，但不会为之兴奋过了头。当他们认为，当前的市场环境不利于他们的交易风格时，他们就不会进行交易。

专业的交易者也有输有赢，但从长远来看，他们能持续地获得稳定的利润。最重要的是，他们希望获得一定的**风险溢价**，这意味着他们必须承担更多的风险，但他们绝不会因一时兴起才这么做。

把交易和赌博区分开来的是真实而精确的记录。博彩公司办公室的地板上到处都是皱巴巴的纸单，每张纸单都是倒霉的赌徒扔下的，它们都是金融交易的书面记录。客户们常把它们踩在脚下，因此也不清楚自己的实际交易状况。但博彩公司不会扔掉自己的记录，记录本身就能说明很多问题。

赌博、保险和交易

赌徒们从事可获利的赌博活动时不支付任何费用，这一事实意味着，要保障博彩业的基础设施正常运转，他们中的大多数人必须赔钱。

博彩业的资金流向与保险业的完全相反。在博彩业中，多数人的小额损失超过了少数人赢取的金额，差额部分落入了博彩公司的口袋。而在保险行业，多数人缴纳的保费超过了少数人的索赔额，差额部分进入了保险公司的腰包。

对任何赌徒来说，核查上市博彩公司的财务报表都是很有益的做法。2017年，一家全球性博彩公司的财务报表显示："体育博彩净收入占各个平台和市场总收入的9.2%。"根据该公司的记录："体育博彩净收入占比指的是体育博彩总收入占押注额的比例。体育博彩总收入指的是押注额减去客户赢取的金额和体育博彩促销费用以及奖金额之后的收入。"[①]换句话说就是，博彩公司获得了9.2%的收益。

在赌徒眼里，博彩公司是对手，而且是技能更高超、经验丰富的对手。它们设置赔率，知道从长远来看，它们是获利的一方。赌徒们要按博彩公司的规则行事，而在交易中，经纪人虽然向我们收取入场费，但他们不是我们的对手。我们的经纪人是门卫，我们入场时必须给他们点小费，但入场后我们可自行决定交易的胜负率。

在公开透明的市场上，我们按自己的原则行事。成功的交易者已经学会了如何确定自己的胜负率——只有在这个时候，他们才会向"门卫"付费。

---

① 帕迪鲍尔必发集团（Paddy Power Betfair PLC）2007年年度报告和账目。

第 2 章

交易者和市场的关系

了解了交易者的工作后,我们来看看交易者工作的地点,他们与雇主、与其他跟市场有关的职业间的关系。

市场女主人

乍听之下,交易是很完美的工作。假如我们有能力在市场上生存下去,交易确实是完美的工作。著名的英国经济学家约翰·梅纳德·凯恩斯(John Maynard Keynes)写道:"在市场回归理性之前,你很可能已经破产了。"他是在炒股损失惨重时得出这一结论的。

从职业交易者的角度来看,市场既不是理性的,也不是非理性的,他们不会把理性的概念生搬硬套到市场上。他们把市场视为既狂躁又抑郁的女皇,这位女皇坐拥亿万财富。纠正她的行为或者指出她"没穿衣服"不是职业交易者的分内之事,那是经济学家和政治家们应考虑的事情。

交易者就如同宫廷里的逗乐小丑,他们的工作就是跟随女主人,从她的慷慨施舍中获益,而且要避免惹怒她。即使需要穿与女皇一样的服装,他们也认了,这种观点与我们从小到大接受的教育背道而驰。设法纠正错误、扭转不利的局面是我们的本能,因为我们希望一切都符合常态。

● CHAPTER 2 / 第 2 章

　　经济评论员一直对交易者的滑稽举止不满，就像政界要员对"宫廷小丑"的行为不满一样。当女皇情绪低落时，政界要员们告诉她，事情没有表面看起来那么糟糕；而在她狂躁的日子里，他们会告诉她，要放松心情，而且他们还会让她吃"药"。但他们的所作所为会被女皇记恨在心，迟早遭清算。

　　宫廷里的逗乐小丑从来不向女皇提建议，他只是跳舞供她取乐，从来不会做犯女皇大忌的事。同样，交易成功的诀窍是，对市场的行为半信半疑，对自己的行为认真严谨。毕竟，专业的喜剧表演是非常严肃的事情。

不断重生

　　市场不仅令经济学家心烦意乱，而且还毫无章法。"市场"不是个名词，而是个动词，它不是静止不动的，而是不断发展演变的。标准普尔500指数是衡量美国股市的一个优秀指标[①]。1957年美国金融服务公司标准普尔（Standard & Poores）创立了该指数，由该公司的一个委员会根据纽约和纳斯达克证券交易所500家上市大公司的数据编制而成。[②]

　　每年该委员会会更换20只成分股。目前苹果公司是全球市值最高的公司，但该公司只有42年的历史。总部位于加利福尼亚州的阿尔法贝塔公司（Alphabet，谷歌的母公司）位居第二，仅有20年的历史。排名第八的脸书（Facebook）创立仅10多年的时间。[③]

　　随着年轻的公司取代老公司以及收入源转向网络，企业主和管理人员

[①] 由于该指标是加权类指标，因此有些不平衡，但这是另一个问题了。
[②] 考虑到透明性、流动性、合规性、信息的可获得性和可靠性，美国股市在本书中占有重要的地位，但本书中讨论的交易工具适用于任何大型国际市场。
[③] 参照《金融时报》（*Financial Times*）全球500强榜单，2017年12月31日。

也在努力适应新变化。新行业和颠覆性技术对我们的生活和工作环境产生了深远的影响,然而市场一个不落地把它们都消化吸收掉了,这是自然而然的结果。1602年,为了促进持续的股票交易,第一家股票交易所在阿姆斯特丹建立,此后市场一直就是"非理性"的。[1]当事物在很长的时间内非理性时,那它就不再是非理性的了,只不过我们以为它是非理性的。

当然,这并不是说市场总是可以被人理解的,看看人类的历史就能明白这一点。如果人类是一个人类个体的话,那么他早就应该致力于精神卫生机构的建设了。我们大多数人(在大多数情况下)通情达理,行事理智,但是,当我们在群体中做出行为时,我们的智商和我们行为的成熟度会下降到群体内最愚蠢之人的水平。鉴于各类市场均受大众心理的驱动,我们很难指望它们成为启蒙的堡垒。

如果你对这样的观点感到不解,我建议你读一读约瑟夫·海勒(Joseph Heller)的《第二十二条军规》[2](*Catch-22*)。书中有这样的对话:梅杰少校问道,"但尤索林(Yossarian),要是所有人都像你这么想,那还了得?"他回答说,"我要不这么想,我就是个十足的笨蛋,难道不是吗?"

交易时你要持尤索林一样的态度,因为市场就是最强大的"第二十二条军规"。

危机事件新闻报道人员

市场参与者经常遭受看似很有见地实则相互矛盾的信息的冲击。更令

---

[1] 洛德维克·佩特拉姆(Lodewijk Petram),《世界上第一家股票交易所》(*The World's First Stock Exchange*),哥伦比亚大学出版社(Columbia University Press),ISBN 978-0231163781。

[2] 约瑟夫·海勒,《第二十二条军规》,西蒙&舒斯特出版公司(Simon & Schuster),ISBN 978-1451626650。

CHAPTER 2 / 第 2 章

人困惑的是，一些受人尊敬的媒体会在同一页面刊登既愚蠢至极又极具启发性的文章，24小时不间断的财经新闻频道往往偏向于提供娱乐性而非指导性的信息或分析内容。

市场媒体使用的语言也有极端化的倾向，它们不说市场上涨，而是说市场"暴涨"或"暴跌"。当评论员个人在市场上表现活跃时（这样的人有很多），他们的观点充满焦虑感。

一个常见的标题是"市场创下了历史新高"，这是在宣扬某种经济成就，但事实并非如此。自金融市场形成以来，它们一直在创新高。在通胀的影响下，这样的结果必然出现。天增岁月人增寿，在我们去世前，我们的年龄也"一直在创新高"。

另一类经典的标题是"由于（危机名称），市场的不确定性增加"。事物变化时，确定性不会成比例地增减。当你这么思考时，你会发现，世界上根本就没有确定性这回事，市场上肯定是没有。

我们所说的"市场不确定性"实际上指的是事物的自然秩序，市场不确定时，正是我们的"女主人"重申自己的权威并提醒"保姆式政府"谁才是孩子们的看护人的时候。

我很喜欢"as"这个词，尽管它只有两个字母，却是个宝贝。我们看看人们如何在标题中使用这个词，例如"利润令人失望，黄金暴涨"（Gold Surges as Earnings Disappoint），两件事貌似有关联，好像金价上涨是令人失望的利润导致的。然而，几周之后我们又看到了这样的标题："利润喜人，金价攀升。"这一标题的含义与前一标题的截然相反，但仍然很有道理。

这是因为"as"这个词既有"作为……的结果"的意思，也有"同时"的意思。这个词既可以连接两个有关联的事件，也可以连接两个无关联的事件。它涵盖了市场的两个变化方向（上涨或下跌）和所有可能的结果，而且从各个方面来看都是正确的。

财经媒体不是公共广播公司，它们没有义务提供逻辑缜密或客观公正的文章，然而，它们要对股东负责。财经记者要制作畅销的产品，而且他们很长时间以来一直在这么做。

奇怪的是，尽管交易者没有义务自行推理和权衡媒体的观点，但他们仍不理解这一点，这也许解释了一些交易者对媒体的作用持两极看法的原因。一方面，新的交易者会仔细琢磨有关市场的每一个书面或口头观点；另一方面，经验丰富的交易者则反其道而行之，他们无视这些观点，认为它们没什么实质性内容。

沉闷的科学家

经济学家是另一个我们不想效仿其行为的群体，这也许是我们从完全相反的角度审视其工作的原因。市场上的新手会搜集大量的经济学观点和分析，而经验丰富的交易者往往无视许多经济学家的研究成果。这些成果很有趣，很有见地，但它们完全脱离了市场里的"现实世界"。

交易者可以惬意地说，我们不知道发生了什么，所以休假一天。用行话说就是"坐拥现金"（sitting in cash），我们不必向任何人解释市场情况，尤其是向我们自己。市场提供了无限的机遇，如果我们不喜欢今天的报价，明天还会有另一个报价。我们的自豪感和声誉永远不会处于危险境地，因为我们不必做出预测。

对于经济学家而言，生活不易。他们必须为制定公共计划和做出决策的人提供可参考的信息。当经济学家判断正确时，我们对此漠不关心，因为觉得他们的判断很无聊，而且结果显而易见。当他们判断错误时，我们都是事后诸葛亮，我们会嘲笑这些所谓的专业人士不能预测未来。

让人们接受沉闷的科学并非易事，经济学家提出的稳健的政策与民粹主义政客及其选民实际想要的恰好相反。欧元区深陷"金融危机"泥潭时，欧盟委员会主席让-克洛德·容克（Jean-Claude Juncker）一语道破了这类困境的实质，他说："我们都知道该怎么做，我们只是不知道我们这么做了之后如何再次当选。"[1]

我并不羡慕经济学家扮演的角色，尤其是当他们向忧心忡忡、渴求答案的公众揭示市场的鬼把戏的时候。他们的感受就如同精神科医生被迫与病情最严重的病人或者一直抱怨噪声的邻居结婚一样。

交易者的观点

这个世界不缺市场评论，其中的许多都经过充分的研究，很有见地，但也有许多评论并非如此。评论员扮演着多种角色，而且因为他们要靠评论吃饭，所以他们必须做正确的事，但交易者不一样。

我们只有在交易成功后才能得到报酬，如果我们没有增加交易账户中的余额，那么我们的意见将毫无价值。此外，我们对新闻事件和经济数据都不感兴趣，我们要知道的是，我们的女主人（市场）会如何做出反应。那是完全不同的事情，也是唯一重要的事情。

因此市场上才有了这么一句流行语："新闻不重要，重要的是市场对它的反应。"市场的反应可能与新闻内容一致，也可能相反。通常情况下，两种反应都存在，而且孰先孰后并不确定，因此原来的新闻内容就显得无关紧要了。推动市场发生变化的事件从来都不是在真空中发挥作用的，交易

---

[1] 欧盟委员会主席让-克洛德·容克接受《明镜周刊》（*Der Spiegel*）和英国广播公司（BBC）采访时的记录。参见网址：www.spiegel.de/international/europe/spiegel-interview-with-luxembourg-prime-minister-juncker-a-888021.html；www.bbc.com/news/world-europe-27679170。

者群体总是持相互对立的立场，他们像板块一样互相推挤。这些压力群体（多方和空方）不断地推动市场向着有利于自己的方向发展。这样的游戏会在市场上一直持续下去，只是强度和位置会有所改变。

意外的新闻事件就像是一颗原子弹落在了断层线上，会使断层沿线积蓄的压力被释放。当交易商开始动摇时，趁火打劫者和机会主义者就会跳出来，导致形势进一步恶化。

对于早已确定的新闻事件，如利率决策或者利润公告，市场总是会提前做出反应。专业的交易者不会等到新闻出现后才开始行动，他们在新闻发布之前就已经建好了仓位，而后会根据市场的反应调仓。这正是"买传闻，卖事实"的意思，也是公司发布利好的利润公告后，其股价通常会下跌的原因。

在股市中，一个卖方对应着一个买方。卖出大量头寸的交易者需要大量买家接盘，而且他们会在新闻事件发生之前逢高出货。

第二部分

有关图表的说明

第 3 章

一个指导方针：保本

现在我们开始探讨交易的实际情况。本部分共有十章内容，第一章讨论交易者最重要的任务：保本。

有关男性和女性交易者的一项研究

大多数交易者都是男性，这真是太可惜了！事实上，女性与市场打交道时，往往表现得更出色。这个结论不是我得出的，是许多学术和金融行业研究均证实了这一点。

如前所述，加州大学戴维斯分校（the University of California at Davis）管理学研究生院（Graduate School of Management）的布拉德·巴伯教授和加州大学伯克利分校（U.C. Berkeley's）哈斯商学院（Hass School of Business）的特伦斯·奥登教授，对交易者和投资者的行为及绩效进行了大量的研究。

他们最有趣的一项研究成果，即《个人投资者的行为》（*The Behavior of Individual Investors*），于2011年发表，所有志向远大的交易者都应该读一读这篇文章。在这篇文章中，他们提到了他们之前完成的一项研究，该研究对比了1991—1996年间在美国一家大型经纪公司开立的66465个男性和女性交易账户的绩效。①

他们指出:"尽管男性和女性的收益都少得可怜,但男性的绩效更差。几乎所有与性别有关的绩效差异都是因为男性比女性更积极地从事交易造成的。"

在最近完成的行业研究中,美国最大的经纪公司(目前拥有2670万个账户,每天处理的交易量超过了78.5万笔)对比了2016年1月至2016年12月间800万个客户的投资绩效后发现,女性的绩效优于男性。②

男性和女性读者都可能想到造成这一结果或者说女性更善于理财的一些原因。当需要花自己的钱时,女性通常都比较克制,而且她们会讨价还价。通常情况下,她们更容易组织。另外,她们不怕提出尴尬的问题,会一直问到她们得到答案为止。

男性不会列清单或提问题,即使"朋友"欺骗了我们,我们也不会弃他们而去。为了给人们留下深刻的印象,我们会一掷千金。就像华尔街上的公牛雕塑一样,市场体现的是男性思维的成果,而且向来如此。

无论我们的性别或性格如何,市场都能迅速地找到我们的缺点,并利用这些缺点使我们遭受损失。交易者在市场环境中生存的唯一方法是,无论市场看起来多么诱人,都要严格遵循一套可靠的风险控制规则。

交易的一大指导方针,实际上是唯一重要的指导方针,是**保本**。只要严格遵循这一方针,我们就能克制住会导致自我毁灭的情绪和一厢情愿的

---

① 布拉德·巴伯和特伦斯·奥登,《个人投资者的行为》(2011年9月7日),参见社会科学研究网(SSRN),网址为:ssrn.com/abstract=1872211或dx.doi.org/10.2139/ssrn.1872211。
② 富达投资(Fidelity Investments),《女性和男性投资者,谁更优秀》(*Who's the Better Investor: Men or Women*)(2017年5月18日),参见网址:www.fidelity.com/about-fidelity/individual-investing/better-investor-men-or-women。富达数据(Fidelity by the Numbers):概览(2018年3月31日),参见网址:www.fidelity.com/about-fidelity/fidelity-by-numbers/overview。

想法。很快我们将探讨**五大风险限额**，为了保本，我们必须在交易中遵循这些实用的规则。

结论

正如我们将在下一章看到的，就投资而言，多元化的组合至关重要。在市场中进行交易时，综合考虑女性和男性的意见貌似能产生更好的结果。也许女性对市场女主人的看法与男性的不同，无论出于何种原因，我们都应借鉴女性的经验，管理好我们的资金。

第4章

两种选择：保持简单

大多数交易决策就像二选一的题，新手们不理解这一点，认为做交易决策是做多选一的题。他们无法从多次的错误中汲取教训。下面我们探讨交易者面临的二选一情形。

投资还是交易

小投资者购买某只股票是因为，他们熟悉公司或阅读了有关该公司的有趣文章。在他们看来，管理仓位是一种消遣。一年到头，他们有赢有亏，不是特别愚蠢的话，他们还能赚几个子儿。这样的市场参与方式可为投资者提供娱乐和消遣，同时也提高了他们获利的可能性。

许多业余人士偶然获利后会认为，获得更多利润的方法是在短期内投入更多的资金。这样，他们不知不觉地进入了交易领域，就像一个农民开着拖拉机上了高速公路，此时，问题就出现了。

不同的游戏

棒球和板球都是在草地上用球拍击球的运动，但这两种运动的思维模式和运动文化完全不同。同理，虽然投资和交易都发生在金融市场中，但它们的思路截然不同。如果我们不清楚自己在做什么，那么我们就不应在市场上投资，一直到我们弄清楚了为止。

时间范围

投资者和交易者都希望获得收益，但他们与市场打交道的持续时间和方向不同。一项投资可能持续数年时间，而一笔交易可能仅持续几分钟。投资者通常持有多头头寸，这意味着股价上涨时，他们能够获利。交易者在任何时候既可以做多，也可以做空，他们希望从市场的波动中获利。

长期股权投资者可以定期获得股息，短期交易者不指望获得股息，如果他在股息发放日持有空头头寸，他甚至可能还要支付股息。投资者长期待在市场，几乎总在投资，而交易者有时坐拥现金，离场观望，伺机出手。

一旦建立仓位，投资者几乎就不需要做任何事情了，他们可以气定神闲地袖手旁观，但交易者必须积极主动，时刻关注仓位的变化。

多元化和稳定性

经验丰富的投资者会把资金配置于多个类别的资产中，创建多元化的投资组合。而交易者只关注一两个市场，而且可能重复交易一种工具。投资者会搜寻新兴趋势，而且，一旦投入了资金，他们就会长期坚守。他们喜欢能把简单的事情做好的可靠的公司，不喜欢出现意外。

交易者寻求波动性、急剧的价格反转和突破。对交易者而言，出人意料的公告或市场回调是天赐良机，此时快速行动意味着快速获利。

顾问

投资者经常通过中介机构在市场上投资。投资顾问对客户负有职业责任，因此他们往往青睐低风险的投资机会。交易者就是自己的顾问，亏钱时没人为他们负责，他们必须自担风险，自负盈亏。他们需要了解风险和回报的概念，需要了解它们对交易头寸的影响。交易者必须能承受住打击，能够消化财务和情感方面的不利影响，不能在遭受损失后一蹶不振。

短期交易

　　投资者通常直接购买公司股票，或者购买管理基金或交易所交易基金（ETF）。交易者会交易奇特的金融工具，其中的许多都是合约性质的。投资者寻求的是随时间的推移能不断增值的资产，而交易者寻求的是一切可快速交易的产品。通俗地说就是，投资者更喜欢长期投资，而交易者更喜欢短期交易。

社会认知

　　出现问题时，总在冒险的人很少能得到世人的同情。当投资者一年的绩效很差时，这说明市场情况不妙。当交易者一年的绩效很差时，他们本来就是赌徒，还能有什么别的期望呢？交易者的"价值"就在于他们的获利能力，而且有一种观点认为，他们对社会没有任何贡献。

　　在世人的眼里，无论投资者的盈利能力或动机如何，他们都与经济密切相关，是经济增长所必需的。发展机构和初创企业一直在寻找投资者，而一些政府则指责交易者造成了市场的波动，它们还会利用税收制度抑制"投机"活动。

　　拖拉机是好的，跑车是坏的！

委员会

投资是缓慢而稳定的过程，投资者有充分的时间做决策和调整。交易者对交易感到不满意时，他们需要迅速地离场，从旁客观地评估形势，他们没有时间召开投资委员会会议。实际上，交易者不依赖委员会，他们根据自己的判断进行交易。

专业的交易者很少公开讨论交易，他们会私下做出决策。只有业余的交易者才喜欢谈论他们的投资组合，这似乎是为了求个心安或者是为了以他人的观点验证自己决策的正确性。成功的交易者很少说话，他们不愿意透漏任何讯息。除非你非常了解一位交易者，而且他告诉了你实情，否则，你永远都不知道他的持仓情况以及他是赔是赚。

失去机会还是失去资本

决定是否做出一笔交易时，交易者一方面渴望获得利润，一方面又害怕遭受损失，两种情感直接发生冲突。如果新手在交易中遭受了损失，他会感到很沮丧，但如果他没有买入股票，后来股价飙升了，他一样会感到很沮丧。仔细审视后我们就会发现，这确实是在失去机会和失去资本之间做选择，我们只需要决定准备失去哪一个即可。

有人说，机会只有一次，机不可失，时不再来。大多数职业可能是如此，但交易与它们不同。市场的神奇特质之一就是，它能够提供无限的机会，交易者永远不会错失良机，因为市场就是机会的创造者。

在失去机会和失去资本之间做选择时，我们要放走机会。我们不会失去自己从未拥有过的东西，而且有更多的交易机会在前方等着我们，但我们不一定总是拥有雄厚的资本。

基本面分析还是技术分析

盈利的投资和交易策略都以某种形式的分析为基础，这样的分析有两类：基本面分析和技术分析。

基本面分析

指的是通过审视资产的经济和财务属性对其进行估值的一种分析方式。就股票而言，它指的是审视公司的财务报表，分析其对未来利润的启示，具有会计和经济学背景的交易者比较偏爱这类分析。

基本面派：长期投资者往往不太重视技术信号，他们完全依靠财务数据做决策。他们奉行的理念是，从长远来看，常识将占上风，资产的价值会随着时间的流逝而增加。这是一个很吸引人的观点，但也是一个有问题的观点。

技术分析

指的是利用图表工具分析资产的历史价格变化，从中发现规律，工程师和对计算机技术感兴趣的人喜欢这种精确度高且直观的方式。

技术派：短期交易者完全依靠技术分析。他们认为，价格中已经包含了人们需要了解的与金融工具有关的一切信息，所有的市场参与者（从消息灵通者到消息闭塞者）都已经根据他们对未来形势的判断采取了行动，由此形成了当前的价格。同样，这种观点的逻辑很吸引人，但有其局限性。

不理性的人：假设资产的反应与基本的财务数据一致实际上是假设人们会在事实面前做出理性的行为。不幸的是，这一假设并不成立。如果人们这样做了，那么所有的统计学家都会乐不可支了，而且世界上也不会有人吸烟了。

人们一直在以不理性或不合逻辑的方式行事。许多非常成功的公司因不合逻辑和不负责任的行为而发了大财,因为人们一直在用钱做不合理的事。从很多方面来看,基本面分析以信任为基础。我们希望投资者在现有信息的基础上,用钱做"正确的事"。

技术分析不涉及信任问题。它根据资金的实际用途做判断,没有假定市场参与者最终会做正确的事。不幸的是,技术派往往着眼于短期,这使其优势大打折扣。技术派知道一切金融工具的当前价格,但他们对长期价值没有概念。

运用哪一类分析

两种方法各有优缺点,因此应该择机运用它们。什么时候运用哪种方法取决于我们的交易风格,我们将在第3章讨论相关内容。

无论我们采用哪一种方法,如果我们不能利用它为自己获利,那么所有的分析都将毫无意义。对于交易者而言,搜集数据和完成报告本身不是目的,那是学术界人士的追求,不是交易者的追求。

是否运用保护性止损

当我们登机后,安全公告会要求我们确认离自己最近的紧急出口,"记住,它可能就在你身后。"当我们交易时,我们最近的出口总在我们身后。它被称为保护性止损。

它也被称为止损单,这种订单在经纪人手里,当价格达到或超过某一水平时,它们会被自动执行。它们是交易者最重要的工具,我们应该始终使用它们。

保护性止损的功能

除了关闭亏损的交易外,交易者还可以利用保护性止损控制金融风险,这样做相当于为交易同时开立了"出生和死亡证明"。交易是暂时的,我们从一开始就说得很清楚。

几次巨亏导致销户的交易者具有的共同特征是,他们不运用保护性止损。它是个救生工具,能使交易者在不利的环境中生存和发展。保护性止损不是一个独立的要素,它只是交易策略的一部分,因此我们将在"**十大工具技术指标和订单简介**"这一章中详细地探讨它。

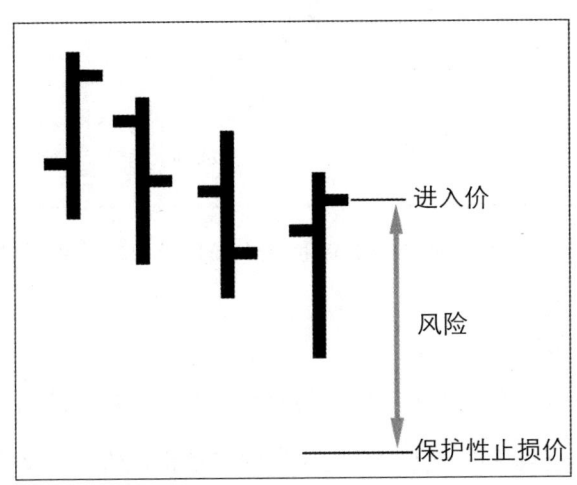

图1　一笔交易的进入价、风险和保护性止损价

洗盘（Whipsaw）还是滞后（lag）

对一些交易者而言,这可能是最令人沮丧的选择了,而且许多新手甚至都不知道自己正在这二者中做选择。

洗盘

价格触及止损点并引发自动平仓后出现逆转，且不断攀升，此时即发生了洗盘现象。一些交易者不仅关闭了交易，还丧失了从反弹中获利的机会，相当于遭受了双重损失。

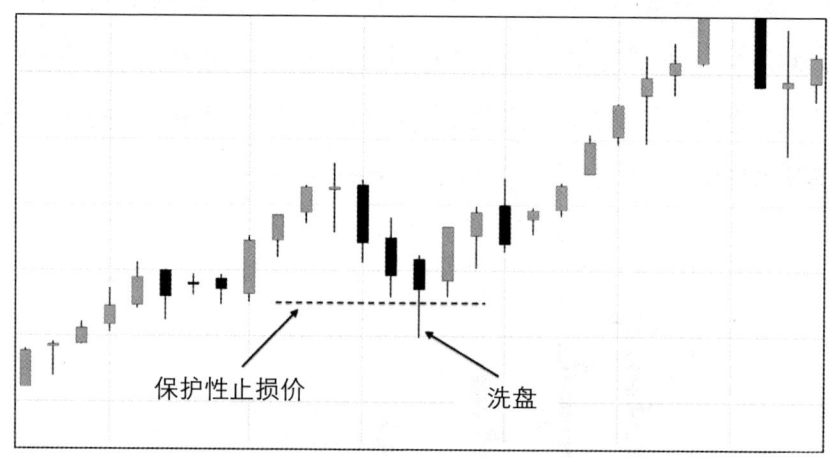

图2　洗盘K线图：市场触及保护性止损价后出现反弹并快速上涨

为什么会出现洗盘

有的交易者以突破水平建立热门股票的仓位、在之前的最低价以下几美分处或者按进场价的一定百分比设置保护性止损价，这类交易者的数量之多令人咋舌，你不必是天才就知道这些止损价在何处。

市场老手们密切关注着这一水平，当市场再次接近该水平时，他们就会采取行动。他们以这个价位抛出一个大订单，这就像把一个篮球扔进了放满捕鼠夹的房间里，所有的订单都会被触发，因为保护性止损单是市价单，它们可能以任何价格被执行，也就是说，市场上存在价格竞争。

一旦喧嚣结束，当前价格水平的所有卖单都被执行，此时市场别无选择，只能调转方向。洗盘结束，股市攀升。

当保护性止损单被触发时，谁会买入被抛售的股票呢？有可能是现在推动股价上涨的交易者，而且他们获得的利润可能超过了一个篮球的价格，因此，洗盘通常被称为"虚晃一枪"（fake out）或"震仓"（shake out）。

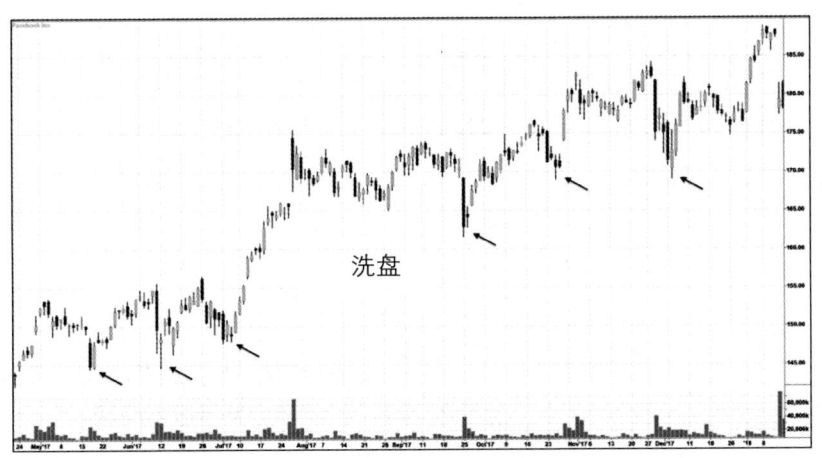

图3　2017年脸书（Facebook）（纳斯达克代码：FB）
日K线图：一系列洗盘行为

适应洗盘

洗盘行为不会只出现一次，市场要伸出触角探一探，看看接下来是跌还是涨，因此就出现了这些反转点。

了解了这一背景下的洗盘后，交易者就能意识到，面临洗盘时较好的交易思路仍是止损离场。交易者本来有可能获利，但他们因为领带勒得太紧而晕倒了。当有利条件仍然存在时，他们应该微调止损点（但幅度不要太大）并重新入场交易。

每份工作都有令人讨厌和重复乏味的方面。利用洗盘的机会进行交易就是交易者必须履行的令人厌烦的任务之一，它也是交易者的工作。

洗盘也意味着交易者必须不断质疑自己对市场的看法，他要一直反省这一问题：若当初他知道现在所知道的一切的话，他是否还会买入这只股票？当市场迹象不断表明他做错了时，他最终会完全领悟这一点。

滞后

利用滞后性进行交易的策略是指，把止损点设置在更低的位置，远离市场上不断出现的流言和噪音的影响，目的是长久地进行交易。

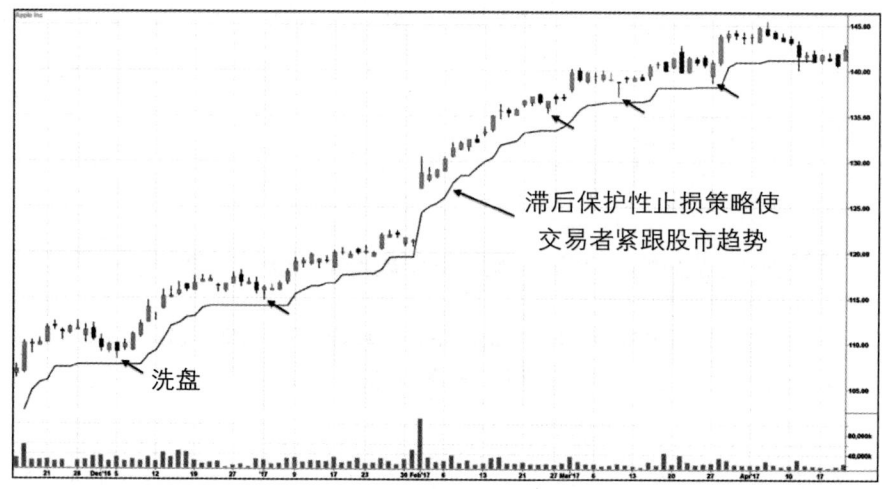

图4　苹果公司股票（纳斯达克代码：AAPL）日K线图：设置滞后性止损价

一些交易者喜欢这种方法，因为他们在洗盘现象发生时离场过很多次了。止损单被触发后，由于生活方式的原因，他们可能无法重新入场，因此总是错失良机。但滞后策略也不是完美的解决方案，也存在一些弊端。

适应滞后

如果交易者首选的是滞后策略，那么他可能不得不忍受持仓规模的下降，降幅甚至高达20%~30%。这意味着交易者的交易规模会变小，因为他为了适应不超过其风险限额的大幅回调，不得不减少购入股票的数量。当然，这也意味着他的收益会变少。

如果交易者偏爱洗盘后回补的止损策略，那么他们的持仓规模可能更大，但他们需要抓住重新入场的时机。如果他们是兼职的交易者，他们有可能在最不方便的时候接收到重新入场的电子邮件。

选择洗盘后回补止损策略和滞后止损策略

交易中没有十全十美的解决方案，应对不同的挑战需要运用不同的管理技能。交易者要选择自己得心应手的策略。洗盘后回补止损策略需要及时采取行动，而滞后止损策略需要有耐心，二者都不完美。

在"**三种风格趋势跟踪、波动交易和日内交易**"这一章中，我们将针对不同的交易风格探讨如何权衡这两种策略。在"**策略**"中，我们将继续深入地分析这两种策略。

股票还是其他

这是多选一的问题，但对于新手而言，这也应当是二选一的问题。由于市场总是处在这类或那类"危机"的边缘，我们应当尽可能地保持交易的产品简单，最简单的产品莫过于股票了。

股票

在线交易带来了千变万化的机会，对于新手而言，选择从何处入手就成了一项艰巨的任务。我认为，新手应该避免交易任何有到期日限制且没有标的资产的金融工具。

蓝筹股做多交易很适合新手，因为从长期来看，股市会上涨，而且牛市持续的时间比熊市的长，因此做多交易盈利的几率更高。

此外，大多数对交易感兴趣的人已经迷上了股票，他们可以集中精力学习交易平台的机制，不必学习新市场的知识了。另外，蓝筹股相对稳定和安全，新手可长期持有。

新手也应当避免投资损失可能超过保证金的产品，而且切勿交易任何自己不了解的产品。如果我们不理解某种金融产品的运作模式，那么大多数人可能也不了解它。当市场下跌、人们感到恐慌时，这一点很重要。

股票交易要在受严格监管和操作透明的交易所内完成，尽管监管机构有些不着调，但它们行事非常积极，它们会不断跟踪难以控制的参与者。当我们购买股票时，我们是在买入真正存在的公司的一部分，而且大多数公司是真正盈利的。当股市中的生态变得复杂时，牢记这一令人心安的简单事实非常重要。

交易所交易基金（ETFs）

第二个合乎逻辑的选择是交易所交易基金，这类基金的交易跟股票一样，但它们包含一揽子资产或跟踪指数、商品或债券。在完全了解这类基金涵盖的资产之前，绝对不要交易它。可以通过查看基金的情况说明书确认其成分构成，也可登录基金提供者的网站进行查询。对于杠杆或者"反向"ETF（基金的变化方向与标的资产的相反），我们要了解它们的具体设置和操作情况。

ETF的数量不断增加，越来越受青睐，私人交易者可选择的范围很广，包括从房地产到波动性较强、比较便宜的ETF。一些ETF具有增强功能，标的资产的变化在基金中会被放大三倍。这些X倍基金有时可能会跌得令人汗毛直竖，但若交易得当，也可以利用它们获得丰厚的利润。

一个有趣的现象是，交易者在市场上摸爬滚打了一年后发现，ETF的绩

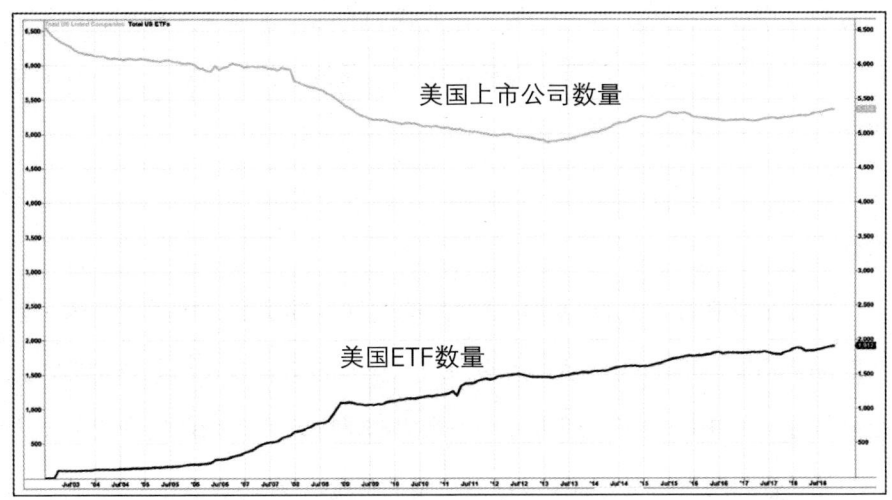

图5　2003年1月—2018年11月美国上市公司和ETF的数量

（美国上市公司的数量从6554家减少至5350家，而交易所交易基金的数量从3只增加为1912只）

资料来源：世界证券交易所联合会（World Federation of Exchanges）

效要高于他们的交易绩效。这就提出了一个问题：为什么我们要交易股票，在市场回调期间买入一只追踪指数的ETF，然后坐享其成岂不是更好吗？

呃……也许吧！但市场上的一切都不像表面看起来那么简单。股票就像足球运动员，指数追踪基金瞄准的是整个球队，体现的是球员的平均实力。但由能力一般的球员组成的球队永远成不了冠军，要成为冠军得有出色的前锋。

大名鼎鼎的前锋情绪多变、喜怒无常、薪水过高，而且总是被花边新闻缠身。但高薪聘请他们是物有所值的，因为他们经常会神奇地把球踢进对方的大门，为球队赢得比赛。我们之所以交易个股，是因为我们想找到具有魔力的领涨股，利用它们在交易中获取可观的利润。

一年当中，有少数几笔大交易值得我们付出努力。在我们最不抱期望的时候，个股可能出现神奇的变化，使我们的账户余额大大增加。指数追踪基金可能也涵盖这只股票，但基金中其他绩效不佳的股票会大大削弱其光彩。

期货

期货是排在股票和低风险ETF之后的选择。期货是一种关于在未来以商定的价格交割商品或金融工具的合约。它们的交易方式与股票相似，只是杠杆率可能更高。每份期货合约的规模都是固定的，因此要交易一手为1000桶的石油期货，交易者需要准备更多的资金。

在美国，交易者还可以交易指数、商品和外汇的迷你期货合约（eMinis），顾名思义，这类合约一手的数量较少，许多成功的交易者只交易标普500期货迷你合约。芝加哥商品交易所（CME）为迷你期货合约交易提供了几乎24小时的窗口期，它们的交易时间是从周日的17：00到周五的16：00（芝加哥时间），其中15：15—15：30休市，每个交易日维护交易系统的时间为16：00—17：00。[①]

外汇

外汇市场是成交量最大的市场，根据国际清算银行（Bank for International Settlements）的统计，每天的外汇交易额超过了5万亿美元。[②]有很多交易都是机构交易者完成的，但个人交易者的成交量也不少。外汇交易市场24小

---

① 芝加哥商业交易所集团，参见网址：www.cmegroup.com/trading/why-futures/welcome-to-e-mini-s-and-p-500-futures。
② 国际清算银行《三年一度的央行外汇和场外衍生品市场趋势调查报告》（*Triennial Central Bank Survey of foreign exchange and OTC derivatives markets in 2016*），2016年，参见网址：www.bis.org/publ/rpfx16。

时开放，因此风险管控显得特别重要。

备受瞩目的外汇市场操纵案例有很多，这是一个看起来很诱人的金融交易领域，因为交易者交易的是货币对，即两种货币成对交易。然而，这需要交易者做二元选择，无经验的人可能会很痛苦。

2014年，法国金融市场管理局（Autorite des Marches Financiers）对四年内从事差价合约和外汇交易的14799个账户进行调查后发现，有89％的账户是亏损的。2011年，波兰金融监督委员会（Komisja Nadzoru Finansowego）发布的报告指出，有82％的外汇交易者是亏损的，这样的结果不只出现在法国和波兰。

差价合约（CFDs）、二元期权（binary options）和点差交易（spread betting）

提供差价合约（CFD）类金融产品的机构强调它们具有节税的优点，提供二元期权的机构强调它们的进入成本较低。金融点差交易模糊了交易和赌博之间的界限。交易这类工具要承担额外的风险，而且在某些国家，这些交易方式对散户交易者不开放，因此我认为，新手应避免涉足它们。

加密货币（Cryptocurrencies）

比特币和其他加密货币的内部运作模式对大多数人而言是个谜。如果加密货币能生存下来，那么它们必定会在很长的时间内存在，因此现在不必急着涉足它们。比特币期货合约直到2017年12月才上市，金融监管机构仍密切关注着这种新的融资形式。加密货币的人幕才刚刚拉开，直到市场形势变得对它们不利时（一般情况下，期货上市后很快会出现这样的变化），我们才能真正了解其价值。

第 5 章

三种风格：趋势跟踪、波动交易和日内交易

可把所有的交易划归为三种风格，我们将在本章依次探讨它们。

市场上的时间范围

市场就像一位不会跳舞的爸爸，它只会做三个动作：上涨、下跌和横盘。不幸的是，由于市场在不同的时段内表现出了这些变化，本来简单的局面变得复杂了。日图表中显示上涨的股票在周图表中可能是下跌的，而在月图表中它又是上涨的，也就是说，在不同的图表中，股票同一时间的走势具有不同的含义。

传统上，我们用**海潮**（ocean tide）、**波浪**（waves）和**涟漪**（ripples）来描述与现行趋势相反的短期波动，以海潮描述月趋势，以波浪描述一周之内的波动，以涟漪描述当日的波动。一波新海潮过后，股市会走高，此时我们可以加上气候变化的影响，说海平面在不断上升。

考察的时间范围不同，市场走向就不同，因此，每个时间段都应该有特定的交易风格相匹配。市场上的交易风格共有以下三种。

● CHAPTER 5 / 第 5 章

趋势跟踪

这种交易风格指的是，我们在股票处于上涨趋势时建仓。一旦买入股票，我们就一直持仓，直到其上涨趋势结束为止。这种风格也被称为"长线交易"（position trading），适合于做多，并且最适合交易知名大公司的股票。

乘火车旅行

跟踪一只处于上升趋势的股票就好像乘火车出去旅行，当火车驶入我们选定的车站时，我们上车，加入乘客群。我们暂时乘着火车向我们选定的方向前行，当火车停车时，我们就下车。我们只是不知道火车什么时候会停，所以我们要时刻做好准备。

关于趋势跟踪，最重要的是要认识到这一点：我们很少能在新趋势开始形成时进入、在趋势到达顶峰时退出，我们的目标是找到二者之间的一点。就像乘坐地铁，大多数乘客都不会在第一站上车，在最后一站下车。力图在趋势的底部买入、在趋势的顶峰部卖出是新手常犯的（而且是代价高昂）错误。如果我们能正确地按照趋势跟踪风格进行交易，那么我们始终会在趋势底部形成之后进入，在趋势见顶之后退出。

思考一下你就会知道，只有趋势转变为上行之后，底部才会显现出来，因此，我们必须等到底部在图表中明确显示出来之后再采取行动，此时原来的趋势已经结束了。同理，顶部也是在趋势转为下行之后才显现出来的。我们不应过早地采取行动，不要试图在趋势的底部和顶部形成之际进入或退出。

试图预测底部和把握趋势反转的时机就如同徒手"抓一把正在下落的刀"，最终你会得不偿失。同样，试图在顶部卖出可能会使我们在小幅回调中离场，错失趋势的其余部分。我们永远不知道趋势会持续多久，只有在

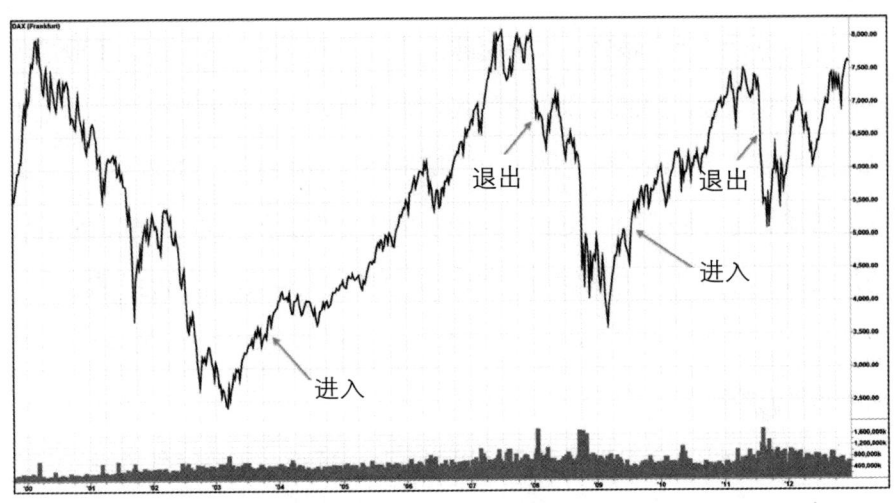

图6　跟踪趋势时典型的进入和退出点

数据来源：德国证券交易所，德国综合指数

趋势结束后，我们才能获知答案。

持久

趋势性股票有两个共同点，一是基本面良好，二是趋势持续的时间长于任何人的预期。新的高点不断出现，而且每一次回调都不会终结趋势。虽然专家们一直在告诫我们，它们的趋势不会持续很久，但事实恰好相反。如果我们在一年当中能赶上四五回这样的趋势，同时能控制其他方面的亏损，那么我们将获得丰厚的利润。

在第4章中，我们讨论了"洗盘"和"滞后"的概念。要完全按照趋势跟踪的风格进行交易，我们就必须采用滞后策略。我们必须接受这一事实：通常情况下，我们的退出点（保护性止损点）离当前价格很远。这意味着，为了给上涨趋势留下空间，我们必须经历股价的多次回调。

月趋势跟踪

有人说，鼓手是跟音乐家一起瞎混的人，我对此了解不多，不敢妄加评论，但我认为，跟踪月度趋势的人是跟交易者一起瞎混的投资者。采用这种缓慢而稳定的风格时，图表上的每根柱子（或蜡烛）都表示一个月的交易活动。这种形式的"交易"实际上是技术性投资，此时我们根据明确的信号而不是公司的财务数据或宏观经济事件做出进入或退出的决策。

趋势是我们的朋友

机构和大型基金的管理者常使用月度时间范围，采用这种风格时，一方面，我们必须做好多年持有股票、不为利空消息所动的心理准备；另一方面，我们还必须做好卖出已持有多年的股票的心理准备，不能迷恋它们，"趋势是我们的朋友"不假，但我们也不应该太固执。

根据月趋势图进行交易有点像投资房地产市场，当趋势变化在技术上得到确认时，它们早已变得人尽皆知了。例如，之前我们一直坐拥现金，某一刻指标显示我们该入场了，此时有关股市复苏的新闻可能已经流传了好几个月了。同样，当我们的卖盘被触发时，市场已经回调得差不多了，我们的资产可能已经大幅缩水了。

月趋势跟踪法简单易学，而且几乎可确保获利，但由于缺乏必要的自律和耐心，我们当中很少有人能运用好这种风格。根据月趋势图进行交易，理论上听起来简单，但由于一个月才能绘制出一根价格柱，很多人无法等到最后一天再采取行动。

道氏理论

跟踪月趋势时，我们需要注意**板块间的轮动**，即涨势从一个经济领域向另一个经济领域转移。牛市即将到来时，成长股和科技股会风行一时；股市下行时，防御类派息股似乎更有吸引力。因此，跟踪月趋势的交易者也应该熟悉道氏理论①，尤其是在股市的吸筹和派筹阶段。

眼见为实

月趋势跟踪风格适合于长期账户，这意味着这种风格的践行者也是DIY基金经理，但这并不意味着我们应该自己管理养老金。让爱侣终生遭受屋顶漏雨的折磨是一回事，管理家庭储蓄则是另一回事，它实在太重要了，不能委托给狂热的DIY经理。

明白这一点特别重要，因为基金经理比我们有优势。当少数人跟踪月趋势时，他们更有可能根据信号采取行动。他们可能每月碰一次头，每次都记录决策，并指示他们的交易平台采取相应的行动。当我们独自行动并长时间关注同一事物时，我们眼里就"看不到"它了。

在过去的3年里，有多少人曾打算维修屋顶呢？我们是否会"即时"清理车库中堆积的垃圾？这对月趋势跟踪者而言是很严重的问题。更糟糕的是，当一种趋势已保持了多年时，我们甚至可能把图表抛诸脑后。

让朋友和其他交易者知道你正在跟踪月趋势是好事，他们应当非常了解你的进入和退出信号，而且他们每月会审视一次这些信号。我们也可以考虑利用一个方便执行条件订单的平台，这有助于我们处理月底符合条件的订单。

---

① 查韦·兰格（Chad Langager）和凯西·墨菲（Casey Murphy）创立了道氏理论，参见投资百科全书（Investopedia），网址：www.investopedia.com/university/dowtheory。

主动还是被动

还需要从"被动与主动"的角度来考虑月趋势跟踪。被动型投资者构建与特定指数的权重相一致的资产组合，或者他们只是买入一些指数追踪型ETF，然后静观其变，坐享其成，因为他们满足于获得与大盘一样的收益。顾名思义，主动型投资者会更积极地从事交易，他们想获得高于被动型投资者和整个大盘的收益。

两种方法各有优缺点。运用被动型策略时，交易者往往会持仓经历下跌期，而运用主动型策略时，交易者往往会因过度交易支付不必要的费用。诀窍是，当市场出现明显的趋势时保持被动，当市场转向时保持主动。我们将在本书第三部分介绍相关的策略。

周趋势跟踪

新手们惊讶地发现，跟踪周趋势被许多人视为最有利可图的交易方式。从技术上讲，这种风格简单易学，但实际上，它可能是最难把握的。至少运用月图表时，我们可在一定的时间内忘记30天的市场，但跟踪周趋势的要求苛刻得多。

我们要做好至少每个周末调整保护性止损点的准备。根据我们运用的策略，我们还可能需要监测每天收盘时的价格行为。我们必须更密切地（但又不能过度）监测我们的仓位，这意味着我们将多次面临偏离自身策略的诱惑。

这种风格特别适合于新手，因为他们有更多有趣的事情要做，他们只需要在周末检查持仓情况即可。他们不必盯盘（体力和精神上），可专注于他们的日常工作。要以这种风格进行交易，我们需要理解趋势结构的基本情况，要耐心地等待每周的柱状图显示出来，不能仓促地采取行动或者预测股价的走势。

不幸的是，由于这种风格不能让新手们大展拳脚，因此他们都忽略了它。他们认为它太无聊了，毕竟他们成为交易者是为了做交易，而不是无所事事，对吧？这可能是对这种交易风格的严重误解。我们只不过是把资金抽离出市场而已，我们仍然是交易者。如果我们能通过等待成为交易者，那么我们就需要这么做。

《股票作手回忆录》（*Reminiscences of a Stock Operator*）是有史以来影响力最大的交易学著作之一，它讲述了世界上最伟大的股票交易商杰西·利弗莫尔（Jesse Livermore）的传奇经历。利弗莫尔就是跟踪趋势的好手，他告诉我们："我赚大钱从来都不是因为我的想法，而是因为我坐得住。"[①]

日波动交易

日波动交易可能是最常见的交易风格了，在这种情况下，每个价格柱描绘的是一整天的交易情况，因此一周的交易情况以五根柱子表示。我们认为，这种风格给我们带来了5倍的交易机会，或者使我们离危险近了5倍。

运用这种交易风格时，最重要的是确定交易中的能量从势能转变为动能和股票大放异彩的确切时刻。我们试图把握短期的市场趋势或者市场的反转，因此波动交易可能顺应当前的大趋势，也可能与之相反。

通常情况下，我们预计波动交易最多只能维持几天或一周的时间。短期趋势结束后，我们就会清仓离场。这类交易的效果要么会很快显现，要么根本无效果。一旦进入交易，我们只需在闭市后调整订单即可。如果我们知道如何设置条件订单，我们甚至都不必盯盘。因此，这种风格特别适

---

① 杰西·利弗莫尔、埃德温·利非弗（Edwin Lefevre），《股票作手回忆录》，哈里曼出版公司（Harriman House），ISBN-13: 9780857195944。

合想在市场上大显身手的兼职交易者。

进入和退出

运用这种风格时，进入和退出时机尤为重要，因为"波动"可能不会持续很长时间，而且一两天之后，以前获得的账面利润可能被抹去。我们还需要尽快把保护性止损点调整到收支平衡点处，同时还要观察洗盘/滞后情况。另外，由于现在一切都瞬息万变，我们做决策的时间变得更短了。

晚上喝啤酒放松时调整调整订单，这听起来容易，但我们必须每晚进行调整，而且要保证不能失败。如果我们所在的时区与交易市场的相同，那么一般不会出现问题。如果我们位于其他时区，那么这意味着我们必须在凌晨或工作时间内调整订单。

此时，我们又不得不面临"两种选择"的问题。我们是要在不正常的交易时间里进入更具流动性的市场，还是牺牲流动性在正常的时间里进行交易呢？

日波动交易者常犯的一个错误是，由于市场瞬息万变，他们会密切关注股价一天当中的变化情况。剖析每个交易日的价格柱从来都不是个好主意，因为从单日的交易过程来看，股价可能跳来跳去，但从其结果来看，价格实际上没有涨跌。

周末勇士

我们还要考虑是否持有波动交易的头寸过周末，周五下午闭市后到下周一早上开市之前可能发生很多事情。如果开盘时股价跳跌了几个百分点，那么我们的损失额可能会超出预期。如果我们以跟踪周趋势的风格持有相同的头寸，则不会出现这样的结果。通常情况下，使我们退出日波动交易的股价回调，恰是我们进入周趋势跟踪交易的诱因。

我们应始终对意外情况做好心理准备，并据此管理我们的头寸。我很少满仓持有波动交易头寸过周末，一周之内，我会把一些利润收入囊中，并把保护性止损点调整到盈亏平衡点处。通常情况下，为防止周末发生意外事件，我会在周五下午清仓。由于恐慌情绪已经发酵了两天，周一早晨，股价往往会遭受严重的不利影响。

日内交易

从事趋势跟踪和波动交易时，管理仓位所需的时间极少，登录账户并调整保护性止损点只需花十来分钟的时间。在剩下的时间里，我们可能认为自己在"交易"，但实际上我们只是漫不经心地观察着市场的动向而已。

日内交易非常不同。当我们进行日内交易时（在同一交易日内建仓和平仓），我们必须一直积极地进行交易，否则，我们将遭受市场的严厉惩罚。我们几乎无暇冷静地评估局势，无法心平气和地调整订单。从事这类交易时，我们是在冒着大风险抢小利润，就好像是在蒸汽式压路机前捡硬币。

当我们进行日内交易时，如果我们清楚自己在做什么，那么我们很快就能赚到钱。如果我们能抓住价格反转的时机，那么我们就能以较低的风险持有大量头寸。交易者一直都在寻找这个神奇但危险的点，即风险最低、收益最高的点。但日内交易者需要具备快速计算的能力，而且要严于律己，否则他们会陷入各种麻烦。

在交易中获得丰厚的利润很难，但争分夺秒地进行交易则完全是另一回事。所有常见的风险管理规则都适用于日内交易，只不过行动要更迅速，因为我们无暇思考。

技术指标对日内交易作用不大，所有的指标都有一定程度的滞后性，因为它们是根据历史数据计算得出的。我们交易的时间范围越短，滞后性问题就越严重，这就像在高速公路上驾车行驶时看后视镜一样。因此，日内交易者要投入更多的精力了解价格行为，这需要接受一定的专业培训，而且它也是一门艺术。

我们可为选定的任意时段绘制日内交易价格柱，在交易圈内，人们对该问题尚存在一些争论。一种观点认为，时间范围短于30分钟的股票交易会产生过多的随机波动。之所以称这类交易为"市场噪音"或"市场流言"就是因为它们响亮而持续，阻碍了我们了解事实的真相。

选择在哪一个时间段进行日内交易，其实就是在寻找我们认为滞后的技术性事实开始强于当前市场流言的那个点。

中国台湾和法国的研究

许多人不知不觉地开启了日内交易之旅，他们想尝试一段时间，看看自己是否适合这种交易风格。2010年，巴伯、李、刘和奥登分析了中国台湾证券交易所的交易情况后，发表了题为《日内交易者了解自己的能力吗》[①]（*Do Day Traders Rationally Learn About Their Ability*）的论文。

这篇文章得出的结论是：

"经验最丰富的日内交易者是亏损的，而且一半以上的日内交易都是由经历过亏损的交易者完成的。面临亏损时交易者仍然持续交易，这一点与理性学习模型的推论不一致。因此，当事前预期的终身利润为负时，交易者仍试图从事日内交易。对于潜在的日内交易者而言，'在交易中学习'不比玩轮盘赌更合理或更盈利。"

[①] 巴伯、李、刘和奥登，《日内交易者了解自己的能力吗》，参见网址：faculty.haas.berkeley.edu/odean/papers/Day%20TradersDay%20Trading%20and%20Learning%20110217.pdf。

在前面提及的针对法国交易者的研究[①]中，结论表明，"……交易最多（按交易次数、平均交易规模或累计成交量计算）的投资者损失最大。"

当我们身上着了火时，我们需要远离火源，而不是靠近火源。缩短交易时间并不能防止损失，反而会加剧损失。我们应该往相反的方向发展，在更长的时间范围内，参考图表进行交易。在其他领域，瞄准一个主题深耕细作可能产生更好的结果，但在市场上这样做会适得其反。

由于上述种种原因，我认为，日内交易不适合初涉股市的新手。从我的经验和与交易者的培训导师们的交流中，我确认了这一点：日内交易者是问题最多的人群，包括心理、情感和财务问题。

结论

在许多人看来，"金融交易"就是日内交易的代名词，但实际上，交易活动涵盖的范围非常广泛。初涉股市时，新手应该着眼于较长的时间范围，之后随着经验和知识的积累逐步缩短时间范围，最终选定适合自己的风格和市场。通常情况下，他们要在尝试了舒适区之外的时间范围或者交易工具并决定从风险境地退后一步时，才能得到这样的结果。

他们不应该让其他人影响了这一过程，因为每个交易者参与游戏时具备的技能不同。经验丰富的交易者主要依靠他们青睐的风格和微调策略成功地完成交易，随着时间的流逝，他们可能形成了"按自己的方式做"的风格，他们的关注点越来越狭隘，而且他们认为自己的风格是最好的。在此过程中，他们会低估更适合于其他人的风格。新手应该保持开放的心态，并尝试所有的风格。

[①]《法国差价合约和外汇个人交易的投资绩效研究》(*Study of investment performance of individuals trading in CFDs and forex in France*)，参见网址：www.amf-france.org。

第 6 章

四条腿：成功的交易者具备的属性

如果把交易者视为一张桌子的话，那么理性、风险、责任和例行程序就是桌子的四条腿，没有它们，交易者的账户就会崩溃。

理性

任何时候，我们都要保持理性和逻辑清晰，我们如何处理自己的想法和情感是决定交易成败的关键。金融交易不适合胆小怯懦者，但也不适合胆大妄为者。实际上，我们越慎重，我们的交易越有可能成功。

此外，我们不应该过于理智，因为我们算计不过市场。将理智、受过良好教育的头脑用到市场上，就像把油罐车开到河里，之前的资产突然间就会变成负债。

如果你拥有过人的智商，那么你要刻意地遏制它发挥作用，否则，你会为简单的问题找到复杂的解决方案。

一方面，被市场吸引的人往往精通技术分析，许多人都有商业和金融背景，多么可惜啊！不幸的是，金融交易与金融或交易无关，而是与思想和情绪有关。因此，新手很快就能掌握技术，但多年后仍无法摆脱思想和内心的束缚。

CHAPTER 6 / 第6章

另一方面，艺术类人士很少从事股市交易，这是另一个令人惋惜的现象。艺术家能在模糊的环境中识别结构和情绪，这正是金融市场的从业者所需的技能。对交易感兴趣的人通常能力不足，而最适合交易的人又对它不感兴趣，由此形成了一大交易悖论（众多交易悖论中的一个）。

著名的市场分析师罗伯特·普雷希特（Robert R. Prechter）于耶鲁大学获得了心理学学士学位，毕业四年后从职业音乐人转变为美林（Merrill Lynch）的市场技术员。他告诉我们："在我决定以分析市场作为我的职业后，我意识到大众心理学决定着股市的一切。"[1]

经验丰富的期货交易者马克·道格拉斯（Mark Douglas）在经典著作《自律的交易者》（The Disciplined Trader）一书中指出了交易者面临的诸多心理挑战并提出了解决之道。他在序言中指出：

"作为交易者，你可能盈利，也可能亏钱，你的行为方式由一系列与市场关联很小或无关联的心理因素所决定。"[2]

蒂莫西·斯莱特（Timothy Slater）开发出了第一个绘制商品图表并显示技术指标的电脑软件程序，他为马克·道格拉斯的书写了序言，他告诉我们："我发自肺腑地认为，无论是基本面派还是技术派，成功的交易80%靠心理，20%靠方法。"

头脑

这些人的职业和个人经验都告诉我们，成功的交易取决于我们的头脑，

---

[1] 罗伯特·鲁格洛·普雷希特（Robert Rougelot Prechter），《普雷希特的观点》（Prechter's Perspective），新经典文库（New Classics Library）1996年，ISBN 0932750400, 9780932750402。

[2] 马克·道格拉斯，《自律的交易者：树立制胜的态度》（The Disciplined Trader: Developing Winning Attitudes），纽约金融学院，ISBN-13: 978-0132157575。

运用理性而非感性是关键。

运用客观公正、符合逻辑和有条不紊的交易方法并不是要抑制或否认我们的情感，那绝不是个好主意。相反，我们要接受自己对市场产生的强烈情绪反应，并把它们视为工作的一部分，但又不能过度沉迷于它们。随着时光的流逝，我们对每笔交易的期望和恐惧感会降低，我们对结果的情绪化反应也会相应淡化。

告别自我

当我们对"我、我自己和我的"这些观念有强烈的依恋时，交易过程就变成了"我的收益、我的损失、我的单子、我的账户、我的交易、我的钱……我的生命。"解决这一问题的方法是，把"我"置身事外，只进行交易。这并不意味着当交易成功时我们不存在，我们当然存在，问题在于自我，我们需要把自我放到一边。

市场中的唐吉诃德

对自我的迷恋不可避免地引出了"他人"的概念。在市场环境中，这可能表现为以机构及其"聪明钱"形式表现出来的假想敌。我们变成了现代版的唐吉诃德，与华尔街上"高耸入云"的玻璃摩天大楼争吵不休，把它们视为威胁。更糟糕的是，由于这些玻璃摩天大楼是我们想象出来的，它们会反射并放大我们的恐惧，会一直是我们的死对头。

暂时的共同利益

我们不仅要从市场中除去"我"，还必须从人群中除去"我"。成功的交易者独自思考和采取行动。集体决策、共识和合作对我们当地的高尔夫

CHAPTER 6 / 第 6 章

俱乐部董事会很适合，但在股市环境中，群体性思维极具破坏力。

当大多数人坚信市场将往某个方向变化时，那就是市场开始反转的时刻。当跷跷板的一端升高时，所有人会冲向这一端并把它压下去。这种群体心理会给交易者带来一种虚假的安全感，因为他们认为从数量看，交易是安全的。

市场走强时肯定是这样，但是，当市场情绪逆转时，交易者就会处于十分不利的境地。关键是在适宜的时候随大流，不适宜的时候离开，交易者要根据暂时的利益而非忠诚度决定是否随大流。

心理黏度

最终，我们思维是否灵活将决定我们能否在市场上取得成功。顽固不化、墨守陈规的人交易时会遇到困难，头脑灵活、随机应变的交易者很容易适应市场的需求。

由于心理特征和理性对交易非常重要，我们将继续探讨这一话题。另外，在"六大优势"中，我们将讨论最适用于交易的心理工具。别担心，我们不会研究弗洛伊德的理论，我们只探讨简单的常识性内容。

风险

美国和英国之所以能繁荣昌盛就是因为其国民更具创业精神、愿意冒风险。几个世纪以来，勇敢的人们冒着失去钱财和生命的风险出海打拼，最终获得了相应的回报。正如无畏的老船长们出海寻宝时会面临未知的风浪一样，交易者也必须勇敢面对充满机遇和危险的市场。

事有风险的事业

在扬帆远航之前，我们应该记住，这些早期探险家的冒险行为都是受"条款"约束的。没有保险公司的支持，这些人不可能完成公海上的冒险。保险公司的风险偏好是比较合理的，通常情况下，它们不被视为冒险者（即使有相反的说法），这是事实。

全球十大保险经纪人（按收入计算）和最具影响力的全球性证券交易所都在英美两国。[①]在这两个国家，承担和适度管理风险的理念一直延续至今。这里的人知道，不承担风险就不会获得回报，但必须评估和控制风险。

专业的冒险家

就像保险商一样，交易者必须时刻保持警惕，他们必须是专业的冒险者，只有这样他们才能获得回报。他们必须有信心和勇气做出他人不敢做出的举动，必须在他人不敢进入的波涛汹涌的海域中航行。简单来说就是，他们必须乘风破浪，勇敢向前。

如果我们厌恶风险，那么我们就会厌恶交易。每次交易时，我们不是获利就是亏损，我们如何理解这一重复的过程决定着我们的成败，承担风险的关键是要理解它、熟悉它，我们可以通过评估和管理风险做到这一点。我们每天在进行交易之前，都应该对风险进行全面的评估，确认当前的风险水平、量化潜在的损失并采取相应的管理手段。

风险评估和管理

我曾经管理过一个评估保险损失的办公室。我们就各种损失的理赔进

---

① 保险信息协会（Insurance Information Institute），《2017年全球保险业手册》（*International Insurance Fact Book 2017*），第12页，网址：www.iii.org。

行过谈判，包括火灾、意外损害和财务损失等。我们亲眼目睹了个人和公司申请保险理赔时的情形，他们本希望永远用不到保险，但突然之间就发现自己身陷一堆灰烬中了，此时，他们焦急地拿着一份烧焦了的保险单寻求理赔。

在到达现场后的几分钟之内，我们会了解保单持有人是否对风险进行了适当的评估并采取了减轻潜在损失的措施。风险评估不是什么令人激动的事情，大多数人都不会做。但请相信我，事前评估风险要比事后评估损失承受的痛苦小得多。

我们交易时也应该评估风险，这一点与其他业务没什么不同。作为私人交易者，我们是非常幸运的，因为交易风险和敞口很容易量化和管理。我们还有另一个优势，那就是，我们的损失至多是财务上的。要进行风险评估，我们只需要配备一个计算器并具备基本的概率知识即可。

概率与预测

生活中，人人都想要安全和确定性，为此，我们会本能地对未来形成自己的见解和看法。交易商把这种不良习惯带到了市场上。与其试图预测未来，不如接受这一事实：市场上只会出现这三种情况，即上涨、下跌或横盘。一旦其中的一种情况出现，另外两种可能性就被排除了，我们成功的几率也就降低了66.6%。

我们无法控制市场，但我们完全可以控制自己对市场的反应。我们不应该对未来抱有成见，而是要为这三种可能的结果制订应对计划。当市场发生变化时，我们要实施相应的计划，即使此时我们认为市场的走向是"错误的"。市场永远不会走错方向，但我们会。

大数定律

1713年，雅各布·贝努利（Jacob Bernoulli）首次提出了大数定律。他指出，从长期来看，一系列重复实验的结果最终会稳定在某一数值附近。但是，最终稳定的是结果的"相对频率"，而不是单次实验的结果，是每次结果除以结果总数的值，这意味着在整个实验过程中会产生相似的结果扎堆出现的异常情况。

克里希的掷硬币实验

1940年德国入侵丹麦时，英国数学家约翰·克里希（John Kerrich）正在那里走亲戚。后来他被德军关押在了战俘营，一直到二战结束。为了打发时间，他和另一名囚犯埃里克·克里斯滕森（Eric Christensen）开展了有关概率和大数定律的实验。在一次有据可查的实验中，他们投掷了10000次硬币并记录下了结果，后来克里希据此发表了《概率论的实验介绍》[①]（*An Experimental Introduction to the Theory of Probability*）一文。

每次掷硬币时，硬币正面和反面朝上的概率均为50%，但在此次实验中，硬币正面朝上的概率为50.67%。根据大数定律，实验的次数越多，正面朝上的概率越接近于50%。继续观测数据可知，连着八九次出现正面朝上的情况并不罕见。

如图7所示，在第7行中，硬币连着7次正面朝上，紧接着是9次反面朝上。在第22行中，有5次连着反面朝上，然后是1次正面朝上，接下来是连着9次反面朝上，之后是1次正面朝上，接着又是6次反面朝上。从图中可以看出，在连续22次掷硬币的结果中，有20次是反面朝上！在第26行中，连着有12次

---

① 约翰·克里希，《概率论的实验介绍》，E. 蒙克斯加德（E. Munksgaard），1946年，ASIN：0006AS3N0。

正面朝上。然而，从理论上讲，硬币正面和反面朝上的概率都是50%。

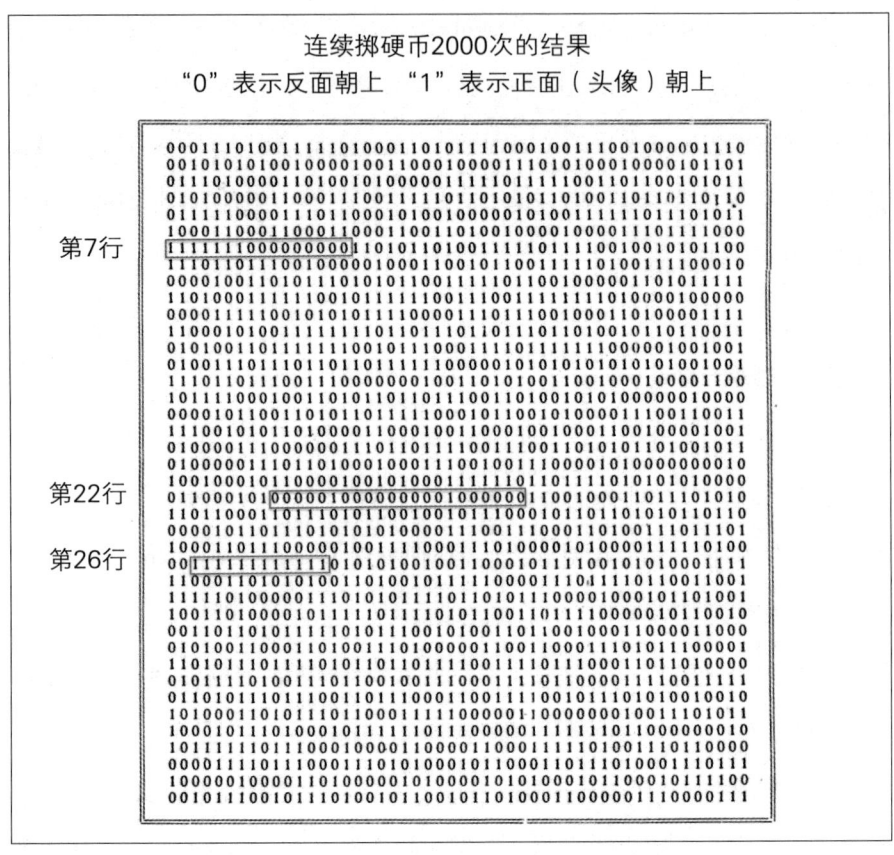

图7 克里希掷硬币实验中前2000次结果

赌徒谬误（The gambler's fallacy）

一种结果接连出现多次后，与之相反的结果会出现，这被称为"赌徒谬误"，克里希的掷硬币实验证伪了这种推论。从第7行来看，连着7个正面朝上，之后紧接着是9个反面朝上，这似乎证实了该推论的正确性，但从第22行和第26行的结果来看，这一推论是错误的，结果是随机的。

交易者的方法

大数定律、克里希的实验和赌徒谬误对交易者很重要,因为它们揭示了我们运用概率知识时应注意的三个方面:

(1)由于我们的交易时段比较短,大数定律可能不适用;

(2)我们从事的每笔交易都是完全随机的,与之前发生的交易无关;

(3)相似结果连着出现是随机的。

有数学背景的交易者喜欢捣弄概率数字,但应避免这么做。在克里希看来,随着时间的流逝,掷硬币时正面和反面朝上的概率必定各为50%,哪一面朝上与硬币无关,它只受物理规律的影响,推动市场的力量忽视了物理规律和其他所有规律!

每当我想起克里希和他的硬币实验时,我都会想,他为何要在丹麦遭入侵期间去探亲,难道他没有计算过自己被监禁的概率吗?交易者必须与数字打交道,但我们也必须注意周围的经济和政治环境。

因此,交易者必须利用能兼顾短期数字异常值、长期趋势和突发事件的风险管理工具。幸运的是,经验丰富的交易者找到了如何完成这一艰巨任务的方法,而且他们根据自身的经验制定了一套规则,我们可利用这些规则控制5个方面的风险敞口。

五大风险限额

1%限额

买入股票时,一笔交易的总金额要少于该股票日交易额的1%,这可以确保我们交易的头寸规模相对于股票的交易历史具有流动性。

流动性是衡量股票价格和成交量的指标。要避开成交量低的低价股,要选择成交量高的蓝筹股。股价越高、成交量越大,在不影响价格的情况下进入或退出交易就越容易。当我们的资金规模庞大或者运用长期交易风格时，这一点显得尤为重要。

一只股票的价格为6美元，若它的日均成交量为30万股，则其日成交额为180万美元。如果我们一笔交易的总头寸规模是2万美元，那么这就超过了日成交额1%（18000美元）的限额，因此我们不应当交易该股票。若一只股票的价格为15美元，日均成交量为62.5万股，则该股票的日均成交额为937.5万美元，1%的限额为93750美元，因此我们可以选择交易它。

一个更为简单的方法是设定流动性水平，不考虑其他因素。例如，我们可以把每股最低价设置为8美元，将最低成交额设定为40万美元，低于这些指标的股票统统不予考虑。我们将在"九大筛选因素"中详述流动性问题。

2%限额

管理交易风险的一个核心理念是，每次交易时都承担一定的风险。接受这一观念可能很难，因为我们想把更多的资金投入到前景看好的交易中，尽量减少前景堪忧的交易的额度。只有在年终对账户进行分析时，我们才能意识到这种方法的好处。

没人知道市场上接下来会发生什么，进行交易时，我们要为最终的结果付出代价。无论我们承担了多少风险，结果都是一样的，因此，我们需要为付出的代价设定一个限额。

一种广为流传的观点是，我们在交易中承担的风险不得超过账户资金额的1%~5%。在互联网上搜索有关风险管理的建议时，新手们可能反复看到这一范围。如网络上传播的其他信息一样，这些数字使人们更加摸不着头脑了。1%和5%存在很大的差异，而且，当接连遭受亏损时，差距会进一步扩大。例如，当我们的账户资金额为10万美元且连续5次交易均亏损时，那么承担1%的风险意味着我们的账户余额减少了4901美元，而承担5%的风

CHAPTER 6 / 四条腿：成功的交易者具备的属性

交易	0.5%风险			0.75%风险			1%风险			1.5%风险			2%风险			3%风险			4%风险			5%风险		
	开盘价(美元)	损失额(美元)	收盘价(美元)	开盘价(美元)	损失额(美元)	收盘价(美元)	开盘价(美元)	损失额(美元)	收盘价(美元)	开盘价(美元)	损失额(美元)	收盘价(美元)	开盘价(美元)	损失额(美元)	收盘价(美元)	开盘价(美元)	损失额(美元)	收盘价(美元)	开盘价(美元)	损失额(美元)	收盘价(美元)	开盘价(美元)	损失额(美元)	收盘价(美元)
1	100,000.00	500.00	99,500.00	100,000.00	750.00	99,250.00	100,000.00	1,000.00	99,000.00	100,000.00	1,500.00	98,500.00	100,000.00	2,000.00	98,000.00	100,000.00	3,000.00	97,000.00	100,000.00	4,000.00	96,000.00	100,000.00	5,000.00	95,000.00
2	99,500.00	497.50	99,002.50	99,250.00	744.38	98,505.63	99,000.00	990.00	98,010.00	98,500.00	1,477.50	97,022.50	98,000.00	1,960.00	96,040.00	97,000.00	2,910.00	94,090.00	96,000.00	3,840.00	92,160.00	95,000.00	4,750.00	90,250.00
3	99,002.50	495.01	98,507.49	98,505.63	738.79	97,766.83	98,010.00	980.10	97,029.90	97,022.50	1,455.34	95,567.16	96,040.00	1,920.80	94,119.20	94,090.00	2,822.70	91,267.30	92,160.00	3,686.40	88,473.60	90,250.00	4,512.50	85,737.50
4	98,507.49	492.54	98,014.95	97,766.83	733.25	97,033.58	97,029.90	970.30	96,059.60	95,567.16	1,433.51	94,133.66	94,119.20	1,882.38	92,236.82	91,267.30	2,738.02	88,529.28	88,473.60	3,538.94	84,934.66	85,737.50	4,286.88	81,450.63
5	98,014.95	490.07	97,524.88	97,033.58	727.75	96,305.83	96,059.60	960.60	95,099.00	94,133.66	1,412.00	92,721.65	92,236.82	1,844.74	90,392.08	88,529.28	2,655.88	85,873.40	84,934.66	3,397.39	81,537.27	81,450.63	4,072.53	77,378.09
6	97,524.88	487.62	97,037.25	96,305.83	722.29	95,583.54	95,099.00	950.99	94,148.01	92,721.65	1,390.82	91,330.83	90,392.08	1,807.84	88,584.24	85,873.40	2,576.20	83,297.20	81,537.27	3,261.49	78,275.78	77,378.09	3,868.90	73,509.19
7	97,037.25	485.19	96,552.06	95,583.54	716.88	94,866.66	94,148.01	941.48	93,206.53	91,330.83	1,369.96	89,960.86	88,584.24	1,771.68	86,812.55	83,297.20	2,498.92	80,798.28	78,275.78	3,131.03	75,144.75	73,509.19	3,675.46	69,833.73
8	96,552.06	482.76	96,069.30	94,866.66	711.50	94,155.16	93,206.53	932.07	92,274.47	89,960.86	1,349.41	88,611.45	86,812.55	1,736.25	85,076.30	80,798.28	2,423.95	78,374.34	75,144.75	3,005.79	72,138.96	69,833.73	3,491.69	66,342.04
9	96,069.30	480.35	95,588.96	94,155.16	706.16	93,449.00	92,274.47	922.74	91,351.72	88,611.45	1,329.17	87,282.28	85,076.30	1,701.53	83,374.78	78,374.34	2,351.23	76,023.11	72,138.96	2,885.56	69,253.40	66,342.04	3,317.10	63,024.94
10	95,588.96	477.94	95,111.01	93,449.00	700.87	92,748.13	91,351.72	913.52	90,438.21	87,282.28	1,309.23	85,973.04	83,374.78	1,667.50	81,707.28	76,023.11	2,280.69	73,742.41	69,253.40	2,770.14	66,483.26	63,024.94	3,151.25	59,873.69
11	95,111.01	475.56	94,635.46	92,748.13	695.61	92,052.52	90,438.21	904.38	89,533.83	85,973.04	1,289.60	84,683.45	81,707.28	1,634.15	80,073.14	73,742.41	2,212.27	71,530.14	66,483.26	2,659.33	63,823.93	59,873.69	2,993.68	56,880.01
12	94,635.46	473.18	94,162.28	92,052.52	690.39	91,362.12	89,533.83	895.34	88,638.49	84,683.45	1,270.25	83,413.20	80,073.14	1,601.46	78,471.67	71,530.14	2,145.90	69,384.24	63,823.93	2,552.96	61,270.98	56,880.01	2,844.00	54,036.01
13	94,162.28	470.81	93,691.47	91,362.12	685.22	90,676.91	88,638.49	877.58	87,752.10	83,413.20	1,251.20	82,162.00	78,471.67	1,569.43	76,902.24	69,384.24	2,081.53	67,302.71	61,270.98	2,450.84	58,820.14	54,036.01	2,701.80	51,334.21
14	93,691.47	468.46	93,223.01	90,676.91	680.08	89,996.83	87,752.10	877.52	86,874.58	82,162.00	1,232.43	80,929.57	76,902.24	1,538.04	75,364.19	67,302.71	1,955.91	65,346.80	58,820.14	2,352.81	56,467.33	51,334.21	2,566.71	48,767.50
15	93,223.01	466.12	92,756.90	89,996.83	674.98	89,321.85	86,874.58	868.75	86,005.84	80,929.57	1,213.94	79,715.63	75,364.19	1,507.28	73,856.91	65,346.80	1,960.40	63,386.39	56,467.33	2,258.69	54,208.64	48,767.50	2,438.37	46,329.12
16	92,756.90	463.78	92,293.11	89,321.85	669.91	88,651.94	86,005.84	860.06	85,145.78	79,715.63	1,195.73	78,519.89	73,856.91	1,477.14	72,379.77	63,386.39	1,899.75	61,425.37	54,208.64	2,168.00	52,040.29	46,329.12	2,316.46	44,012.67
17	92,293.11	461.47	91,831.65	88,651.94	664.89	87,987.05	85,145.78	851.46	84,294.32	78,519.89	1,177.80	77,342.09	72,379.77	1,447.60	70,932.18	61,425.37	1,842.00	59,582.60	52,040.29	2,081.61	49,958.68	44,012.67	2,200.63	41,812.03
18	91,831.65	459.16	91,372.49	87,987.05	659.90	87,327.15	84,294.32	841.38	83,451.38	77,342.09	1,160.13	76,181.96	70,932.18	1,418.64	69,513.53	59,582.60	1,787.48	57,795.13	49,958.68	1,998.35	47,960.33	41,812.03	2,090.60	39,721.43
19	91,372.49	456.86	90,915.63	87,327.15	654.95	86,672.19	83,451.38	826.16	82,616.86	76,181.96	1,142.73	75,039.23	69,513.53	1,390.27	68,123.26	57,795.13	1,733.85	56,061.27	47,960.33	1,918.41	46,041.92	39,721.43	1,986.07	37,735.36
20	90,915.63	454.58	90,461.05	86,672.19	650.04	86,022.15	82,616.86	826.17	81,790.69	75,039.23	1,125.59	73,913.64	68,123.26	1,362.47	66,760.80	56,061.27	1,681.84	54,379.43	46,041.92	1,841.68	44,200.24	37,735.36	1,886.77	35,848.59
21	90,461.05	452.31	90,008.74	86,022.15	645.17	85,376.99	81,790.69	817.91	80,972.79	73,913.64	1,108.70	72,804.94	66,760.80	1,335.22	65,425.58	54,379.43	1,631.38	52,748.05	44,200.24	1,768.01	42,432.23	35,848.59	1,792.43	34,056.16
22	90,008.74	450.04	89,558.70	85,376.99	640.33	84,736.66	80,972.79	809.73	80,163.06	72,804.94	1,092.07	71,712.86	65,425.58	1,308.51	64,117.07	52,748.05	1,582.44	51,165.61	42,432.23	1,697.29	40,734.94	34,056.16	1,702.81	32,353.35
23	89,558.70	447.79	89,110.91	84,736.66	635.52	84,101.13	80,163.06	801.63	79,361.43	71,712.86	1,075.69	70,637.17	64,117.07	1,282.34	62,834.73	51,165.61	1,534.97	49,630.64	40,734.94	1,629.40	39,105.55	32,353.35	1,617.67	30,735.69
24	89,110.91	445.55	88,665.35	84,101.13	630.76	83,470.38	79,361.43	793.61	78,567.81	70,637.17	1,059.56	69,577.61	62,834.73	1,256.69	61,578.03	49,630.64	1,488.92	48,141.72	39,105.55	1,564.22	37,541.32	30,735.69	1,536.78	29,198.90
25	88,665.35	443.33	88,222.02	83,470.38	626.03	82,844.35	78,567.81	785.68	77,782.14	69,577.61	1,043.66	68,533.95	61,578.03	1,231.56	60,346.47	48,141.72	1,444.25	46,697.47	37,541.32	1,501.65	36,039.67	29,198.90	1,459.95	27,738.96
26	88,222.02	441.11	87,780.91	82,844.35	621.33	82,223.02	77,782.14	777.82	77,004.31	68,533.95	1,028.01	67,505.94	60,346.47	1,206.93	59,139.54	46,697.47	1,400.92	45,296.55	36,039.67	1,441.59	34,598.08	27,738.96	1,386.95	26,352.01
27	87,780.91	438.90	87,342.01	82,223.02	616.67	81,606.34	77,004.31	770.04	76,234.27	67,505.94	1,012.59	66,493.35	59,139.54	1,182.79	57,956.75	45,296.55	1,358.90	43,937.65	34,598.08	1,383.92	33,214.16	26,352.01	1,317.60	25,034.41
28	87,342.01	436.71	86,905.30	81,606.34	612.05	80,994.29	76,234.27	762.34	75,471.93	66,493.35	997.40	65,495.95	57,956.75	1,159.14	56,797.62	43,937.65	1,318.13	42,619.52	33,214.16	1,328.57	31,885.59	25,034.41	1,251.72	23,782.69
29	86,905.30	434.53	86,470.77	80,994.29	607.46	80,386.84	75,471.93	754.72	74,717.21	65,495.95	982.44	64,513.51	56,797.62	1,135.95	55,661.67	42,619.52	1,278.59	41,340.93	31,885.59	1,275.42	30,610.17	23,782.69	1,189.13	22,593.55
30	86,470.77	432.35	86,038.42	80,386.84	602.90	79,783.94	74,717.21	747.17	73,970.04	64,513.51	967.70	63,545.81	55,661.67	1,113.23	54,548.43	41,340.93	1,240.23	40,100.71	30,610.17	1,224.41	29,385.76	22,593.55	1,129.68	21,463.88
31	86,038.42	430.19	85,608.23	79,783.94	598.38	79,185.56	73,970.04	739.70	73,230.34	63,545.81	953.19	62,592.62	54,548.43	1,090.97	53,457.46	40,100.71	1,203.02	38,897.69	29,385.76	1,175.43	28,210.33	21,463.88	1,073.19	20,390.68

一半的账户资金亏损了

077

续表

图8 不同的风险限额对应的累积亏损额：以10万美元的账户为例

交易	3%风险 开盘价(美元)	损失额(美元)	收盘价(美元)	4%风险 开盘价(美元)	损失额(美元)	收盘价(美元)	5%风险 开盘价(美元)	损失额(美元)	收盘价(美元)	6%风险 开盘价(美元)	损失额(美元)	收盘价(美元)	7%风险 开盘价(美元)	损失额(美元)	收盘价(美元)	8%风险 开盘价(美元)	损失额(美元)	收盘价(美元)	9%风险 开盘价(美元)	损失额(美元)	收盘价(美元)	10%风险 开盘价(美元)	损失额(美元)	收盘价(美元)
1	100,000.00	3,000.00	97,000.00	100,000.00	4,000.00	96,000.00	100,000.00	5,000.00	95,000.00	100,000.00	6,000.00	94,000.00	100,000.00	7,000.00	93,000.00	100,000.00	8,000.00	92,000.00	100,000.00	9,000.00	91,000.00	100,000.00	10,000.00	90,000.00
2	97,000.00	2,910.00	94,090.00	96,000.00	3,840.00	92,160.00	95,000.00	4,750.00	90,250.00	94,000.00	5,640.00	88,360.00	93,000.00	6,510.00	86,490.00	92,000.00	7,360.00	84,640.00	91,000.00	8,190.00	82,810.00	90,000.00	9,000.00	81,000.00
3	94,090.00	2,822.70	91,267.30	92,160.00	3,686.40	88,473.60	90,250.00	4,512.50	85,737.50	88,360.00	5,301.60	83,058.40	86,490.00	6,054.30	80,435.70	84,640.00	6,771.20	77,868.80	82,810.00	7,452.90	75,357.10	81,000.00	8,100.00	72,900.00
4	91,267.30	2,738.02	88,529.28	88,473.60	3,538.94	84,934.66	85,737.50	4,286.88	81,450.63	83,058.40	4,983.50	78,074.90	80,435.70	5,630.50	74,805.20	77,868.80	6,229.50	71,639.30	75,357.10	6,782.14	68,574.96	72,900.00	7,290.00	65,610.00
5	88,529.28	2,655.88	85,873.40	84,934.66	3,397.39	81,537.27	81,450.63	4,072.53	77,378.09	78,074.90	4,684.49	73,390.40	74,805.20	5,236.36	69,568.84	71,639.30	5,731.14	65,908.15	68,574.96	6,171.75	62,403.21	65,610.00	6,561.00	59,049.00
6	85,873.40	2,576.20	83,297.20	81,537.27	3,261.49	78,275.78	77,378.09	3,868.90	73,509.19	73,390.40	4,403.42	68,986.98	69,568.84	4,869.82	64,699.02	65,908.15	5,272.65	60,635.50	62,403.21	5,616.29	56,786.93	59,049.00	5,904.90	53,144.10
7	83,297.20	2,498.92	80,798.28	78,275.78	3,131.03	75,144.75	73,509.19	3,675.46	69,833.73	68,986.98	4,139.22	64,847.76	64,699.02	4,528.93	60,170.09	60,635.50	4,850.84	55,784.66	56,786.93	5,110.82	51,676.10	53,144.10	5,314.41	47,829.69
8	80,798.28	2,423.95	78,374.34	75,144.75	3,005.79	72,138.96	69,833.73	3,491.69	66,342.04	64,847.76	3,890.87	60,956.89	60,170.09	4,211.91	55,958.18	55,784.66	4,462.77	51,321.89	51,676.10	4,650.85	47,025.25	47,829.69	4,782.97	43,046.72
9	78,374.34	2,351.23	76,023.11	72,138.96	2,885.56	69,253.40	66,342.04	3,317.10	63,024.94	60,956.89	3,657.41	57,299.48	55,958.18	3,917.07	52,041.11	51,321.89	4,105.75	47,216.14	47,025.25	4,232.27	42,792.98	43,046.72	4,304.67	38,742.05
10	76,023.11	2,280.69	73,742.41	69,253.40	2,770.14	66,483.26	63,024.94	3,151.25	59,873.69	57,299.48	3,437.97	53,861.51	52,041.11	3,642.88	48,398.23	47,216.14	3,777.29	43,438.85	42,792.98	3,851.37	38,941.61	38,742.05	3,874.20	34,867.84
11	73,742.41	2,212.27	71,530.14	66,483.26	2,659.33	63,823.93	59,873.69	2,993.68	56,880.01	53,861.51	3,231.69	50,629.82	48,398.23	3,387.88	45,010.35	43,438.85	3,475.11	39,963.74	38,941.61	3,504.75	35,436.87	34,867.84	3,486.78	31,381.06
12	71,530.14	2,145.90	69,384.24	63,823.93	2,552.96	61,270.98	56,880.01	2,844.00	54,036.01	50,629.82	3,037.79	47,592.03	45,010.35	3,150.72	41,859.63	39,963.74	3,197.10	36,766.64	35,436.87	3,189.32	32,247.55	31,381.06	3,138.11	28,242.95
13	69,384.24	2,081.53	67,302.71	61,270.98	2,450.84	58,820.14	54,036.01	2,701.80	51,334.21	47,592.03	2,855.52	44,736.51	41,859.63	2,930.17	38,929.46	36,766.64	2,941.33	33,825.31	32,247.55	2,902.28	29,345.27	28,242.95	2,824.30	25,418.66
14	67,302.71	2,019.08	65,283.63	58,820.14	2,352.81	56,467.33	51,334.21	2,566.71	48,767.50	44,736.51	2,684.19	42,052.32	38,929.46	2,725.06	36,204.39	33,825.31	2,706.02	31,119.28	29,345.27	2,641.07	26,704.20	25,418.66	2,541.87	22,876.79
15	65,283.63	1,958.51	63,325.12	56,467.33	2,258.69	54,208.64	48,767.50	2,438.37	46,329.12	42,052.32	2,523.14	39,529.18	36,204.39	2,534.31	33,670.09	31,119.28	2,489.54	28,629.74	26,704.20	2,403.38	24,300.82	22,876.79	2,287.68	20,589.11
16	63,325.12	1,899.75	61,425.37	54,208.64	2,168.35	52,040.29	46,329.12	2,316.46	44,012.67	39,529.18	2,371.75	37,157.43	33,670.09	2,356.91	31,313.18	28,629.74	2,290.38	26,339.36	24,300.82	2,187.07	22,113.74	20,589.11	2,058.91	18,530.20
17	61,425.37	1,842.76	59,582.60	52,040.29	2,081.61	49,958.68	44,012.67	2,200.63	41,812.03	37,157.43	2,229.45	34,927.98	31,313.18	2,191.92	29,121.26	26,339.36	2,107.15	24,232.21	22,113.74	1,990.24	20,123.51	18,530.20	1,853.02	16,677.18
18	59,582.60	1,787.48	57,795.13	49,958.68	1,998.35	47,960.33	41,812.03	2,090.60	39,721.43	34,927.98	2,095.68	32,832.30	29,121.26	2,038.49	27,082.77	24,232.21	1,938.58	22,293.64	20,123.51	1,811.12	18,312.39	16,677.18	1,667.72	15,009.46
19	57,795.13	1,733.85	56,061.27	47,960.33	1,918.41	46,041.92	39,721.43	1,986.07	37,735.36	32,832.30	1,969.94	30,862.37	27,082.77	1,895.79	25,186.98	22,293.64	1,783.49	20,510.14	18,312.39	1,648.12	16,664.28	15,009.46	1,500.95	13,508.52
20	56,061.27	1,681.84	54,379.43	46,041.92	1,841.68	44,200.24	37,735.36	1,886.77	35,848.59	30,862.37	1,851.74	29,010.62	25,186.98	1,763.09	23,423.89	20,510.14	1,640.81	18,869.33	16,664.28	1,499.78	15,164.49	13,508.52	1,350.85	12,157.67
21	54,379.43	1,631.38	52,748.05	44,200.24	1,768.01	42,432.23	35,848.59	1,792.43	34,056.16	29,010.62	1,740.64	27,269.99	23,423.89	1,639.67	21,784.22	18,869.33	1,509.55	17,359.79	15,164.49	1,364.80	13,799.69	12,157.67	1,215.77	10,941.90
22	52,748.05	1,582.44	51,165.61	42,432.23	1,697.29	40,734.94	34,056.16	1,702.81	32,353.35	27,269.99	1,636.20	25,633.79	21,784.22	1,524.90	20,259.32	17,359.79	1,388.78	15,971.00	13,799.69	1,241.97	12,557.72	10,941.90	1,094.19	9,847.71
23	51,165.61	1,534.97	49,630.64	40,734.94	1,629.40	39,105.55	32,353.35	1,617.67	30,735.69	25,633.79	1,538.03	24,095.76	20,259.32	1,418.15	18,841.17	15,971.00	1,277.68	14,693.32	12,557.72	1,130.19	11,427.52	9,847.71	984.77	8,862.94
24	49,630.64	1,488.92	48,141.72	39,105.55	1,564.22	37,541.32	30,735.69	1,536.78	29,198.90	24,095.76	1,445.75	22,650.01	18,841.17	1,318.88	17,522.29	14,693.32	1,175.47	13,517.86	11,427.52	1,028.48	10,399.04	8,862.94	886.29	7,976.64
25	48,141.72	1,444.25	46,697.47	37,541.32	1,501.65	36,039.67	29,198.90	1,459.95	27,738.96	22,650.01	1,359.00	21,291.01	17,522.29	1,226.56	16,295.73	13,517.86	1,081.43	12,436.43	10,399.04	935.91	9,463.13	7,976.64	797.66	7,178.98
26	46,697.47	1,400.92	45,296.55	36,039.67	1,441.59	34,598.08	27,738.96	1,386.95	26,352.01	21,291.01	1,277.46	20,013.55	16,295.73	1,140.70	15,155.03	12,436.43	994.91	11,441.51	9,463.13	851.68	8,611.45	7,178.98	717.90	6,461.08
27	45,296.55	1,358.90	43,937.65	34,598.08	1,383.92	33,214.16	26,352.01	1,317.60	25,034.41	20,013.55	1,200.81	18,812.74	15,155.03	1,060.85	14,094.17	11,441.51	915.32	10,526.19	8,611.45	775.03	7,836.42	6,461.08	646.11	5,814.97
28	43,937.65	1,318.13	42,619.52	33,214.16	1,328.57	31,885.59	25,034.41	1,251.72	23,782.69	18,812.74	1,128.76	17,683.98	14,094.17	986.59	13,107.58	10,526.19	842.10	9,684.10	7,836.42	705.28	7,131.14	5,814.97	581.50	5,233.48
29	42,619.52	1,278.59	41,340.93	31,885.59	1,275.42	30,610.17	23,782.69	1,189.13	22,593.55	17,683.98	1,061.04	16,622.94	13,107.58	917.53	12,190.05	9,684.10	774.73	8,909.37	7,131.14	641.80	6,489.34	5,233.48	523.35	4,710.13
30	41,340.93	1,240.23	40,100.71	30,610.17	1,224.41	29,385.76	22,593.55	1,129.68	21,463.88	16,622.94	997.38	15,625.56	12,190.05	853.30	11,336.75	8,909.37	712.75	8,196.62	6,489.34	584.04	5,905.30	4,710.13	471.01	4,239.12
31	40,100.71	1,203.02	38,897.69	29,385.76	1,175.43	28,210.33	21,463.88	1,073.19	20,390.68	15,625.56	937.53	14,688.03	11,336.75	793.57	10,543.17	8,196.62	655.73	7,540.89	5,905.30	531.48	5,373.82	4,239.12	423.91	3,815.20

险意味着我们的账户余额减少了22621美元。

不论我们交易账户里的资金有多少,只有连续亏损69次且每次亏损幅度达到1%时,我们账户里的资金额才会减少一半,但如果每次亏损5%的话,只需连续亏损14次就能抹去账户里一半的资金。

亚历山大·埃尔德博士早年间在苏联接受医学培训,后来在纽约做精神科医生,在成为职业的交易者之前,他还曾在哥伦比亚大学任教。埃尔德博士撰写过许多交易类书籍,包括畅销的《以交易为生(原书第2版)》[1]。他在该书中指出:"大量的数据表明,交易者要使单次交易的损失不对长期的收益前景造成危害,损失幅度就不能超过2%。"

这意味着,对于账户资金规模为20000美元的交易者而言,如果他承担的风险限额为2%,那么他在单笔交易中损失的金额不会超过400美元。资金实力比较雄厚的交易者承担的风险比较小,0.5%的风险并不少见。新手为每笔交易承担的风险不应超过1%,即使他们对这一风险幅度感到很舒适,他们也不该立即把它提高至2%(风险增加100%),而是应该提高至1.25%。

新手总是惊讶地发现,他们在一年当中获得的大部分利润都来自少数几笔交易。在剩下的时间里,他们会经历一系列小损失,资金也因此得以保全。拳击手要保护好自己,就得遭受几次小袭击,但他最终会瞅准机会给对方重重的一击。

当我们亏损时,我们本能的反应是,在下一次交易中冒更大的风险,以便获得更大的收益,进而补偿近期的亏损。事实上,我们必须采取相反的措施,减少处于危险境地的资本。不断降低风险的过程和分期偿还贷款

---

[1] 亚历山大·埃尔德博士,《以交易为生(原书第2版):心理、自律、交易工具和系统、风险控制、交易管理》(*The New Trading for a Living: Psychology, Discipline, Trading Tools and Systems, Risk Control, Trade Management*),威利交易系列丛书,ISBN978-1118443927。

是一个道理,随着我们账户里的余额不断减少,我们每次的损失额也会减少。

以整数而非百分数设定风险值是有益的做法。从理论上讲,百分数很好,但整数与风险的联系更为紧密,比如,我们可以这样说"嗯,如果交易不成功,我们仅损失400美元。"这里"仅"字是很有用的。

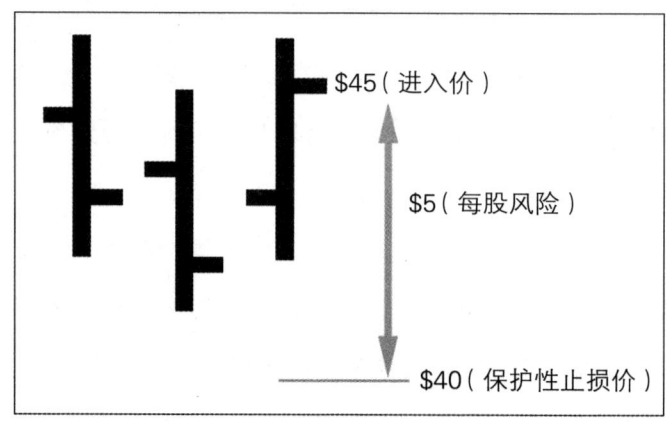

图9 利用进入价和为交易设置的保护性止损价计算风险

要计算每笔交易的风险,我们只需要知道两个数字即可,一是进入价,二是退出价,二者之间的现金差异就是我们要承担的风险。例如,如果我们计划以45美元的价格进入交易,在价格降至40美元时退出交易,那么我们为每股交易承担的风险就是5美元。如果我们为每笔交易承担的风险是1000美元,那么用该数字除以5便知,我们应买入的股票数量约为200股。买入200股的成本是9000美元,若交易不成功,我们以每股40美元的价格退出交易,我们将收回8000美元(扣除几美元的佣金),我们遭受的最大损失额为1000美元。

注意,我们首先要确定进入和退出价,然后再确定交易的股票数量,不能把顺序颠倒了。无论我们交易账户里的资金规模如何变化,我们的进入和退出价应保持不变。上例中，承担1000美元的风险时，我们买入200股。一些人交易账户里的资金额为1000万美元，为每笔交易承担的风险为0.5%，当他们的进入和退出价分别为45美元和40美元时，他们会买入10000股。

在后文中，我们将仔细分析能使我们高效地管控风险的订单，其中，最重要的就是保护性止损单。

6%限额

克里希的掷硬币实验显示了相同的结果是如何随机出现的，也表明当我们陷入一连串亏损的交易时，利用6%的限额能中断这种模式。

在《进入我的交易室》（*Come Into My Trading Room*）[①]一书中，埃尔德博士建议，我们应将月亏损幅度限定在6%以内，当月亏损幅度达到这一限额时，我们应该在当月余下的时间里停止交易，一个月是按实际的天数还是按滚动30天计算要看交易的风格。这种做法能够阻止我们继续亏损，也能让我们有时间冷静地重新评估市场。这也意味着，在每笔交易中承担2%风险的交易者连续三次亏损后就应暂停交易。

在"策略"部分中，我们将分析12年间运用"助涨策略"（Help-Up Strategy）的结果，并探讨6%的限额如何在四种情况下发挥作用。

20%限额

接下来我要考虑出现一次重大损失的可能性。当我们获得了较好的入场机会或者我们以高价买入了股票时，我们可能会突破了2%或6%的限额，不知不觉地持有了过多的头寸。

例如，我们以810美元的价格买入了股票，并将保护性止损价设为790美元，我们为每股承担的风险为20美元。假设我们的账户资金额为10万美元，

---

① 亚历山大·埃尔德博士，《进入我的交易室：交易指南》（*Come Into My Trading Room: A Complete Guide to Trading*），威利出版公司，ISBN：978-0-471-225348。

当风险限额为2%时，我们可买入100股。我们的买入成本为81000美元（账户总金额的81%），但我们仍然承担了2%的风险。

若开盘时股票因意外事件暴跌了，比如其开盘价变成了695美元，我们该怎么办？由于我们在这只股票上投入了太多的资金，我们账户里的资金损失了11%。为此，我们应该把任何单笔交易的风险敞口控制在账户总金额的20%以内，这样可避免投资过于集中的风险。

因此，在上面的示例中，我们买入的股票数量不应超过24股（账户资金额的20%除以股价，之后四舍五入得出的数字）。当股价突然下跌时，即使跌幅高达14%，这24股导致的总亏损额也仅为2760美元，亏损额仅为账户总金额的2.76%。

40%限额

任何盈利的交易策略都会设置一定的风险回报率（RRR）。简言之，交易中的潜在风险必须远远小于潜在的回报，也就是说，这一比率不能大于1/2.5或者40%。运用这一规则确定一个恒定的风险规模，即使在一多半的时间里亏损，我们也能在长期获得净收益，因为少数几笔大额的收益能弥补多笔小额亏损。

重要的是要明白这一点：一笔交易的风险回报率只有在交易结束之后才能被计算出来，因为我们永远无法预知自己能从交易中获得多少收益。每当我听到交易者谈论"价格目标"时，我就会想起小时候我们几个小伙伴说过的长大后要成为百万富翁的话。为了符合设定的风险回报率而坚守不切实际的目标是新手常犯的错误，为了使该比率恢复平衡而调高保护性止损价是新手常犯的另一个错误。

对于跟踪趋势的交易者而言，在交易之前预测风险回报率是徒劳的，因为良好的趋势持续的时间总是比预期的长。

设定的风险回报率不是一成不变的，没有达到目标或超过了目标都没有关系。设定限额只是为了促使我们在入场交易前深思熟虑，而不是为了确定一个我们必须退出的明确目标，或者是必须达到的止盈水平。

五种风险限额的总结

现在，我们已经介绍了如何评估交易风险以及如何运用五种风险限额来管控风险。这五种风险限额分别是：

（1）1%（某只股票的最大持仓规模与该股日成交量的比率）；

（2）2%（在任何单笔交易中承担的最大风险）；

（3）6%（账户资金额的月度最大损失幅度）；

（4）20%（任何单个仓位的最大风险敞口幅度）；

（5）40%（风险回报率的最大值）。

持续地管理风险

我们不能一天到晚盯着账户余额数字的变化，要避免对其进行微管理（micromanage）。忘了这些资金吧。我们知道损失是可控的，因此无需担心。一旦我们确定了风险评估流程，我们就不会害怕风险了，我们会自信地承担风险，因为我们知道，风险不会对我们的账户产生严重的危害。

如我们所见，在开始交易时计算风险不是问题，当我们已经进入了盈利的交易一段时间并且开始从事更多的交易或者改变当前的持仓规模时，计算风险就变得困难了。在这种情况下，持续地监控风险可能是一大挑战。

后文中，我们将探讨交易前的**八大核查事项**，其中就包括风险管理，到时我们再继续深入探讨这一话题。

● CHAPTER 6 / 第 6 章

风险诱发的焦虑

　　风险管理可不只是监测数字，我们还必须承担一定程度的精神和情感风险。如果我们已经夜不能寐，那么在交易中承担2%的风险是没有意义的。交易者的风险承受能力各有不同，但是要弄清楚，我们在承受多大风险的情况下才能够正常地工作和生活。

　　当我们对某个仓位感到不安时，我们应该卖出一部分股票，减小持仓规模，直到我们不再提心吊胆为止，哪怕此时我们仅投入了100美元。当我们对这一规模的持仓感到心安理得时，随着我们信心和经验的增长，我们再逐步提高风险资金的比重。

责任

　　理想的情况下，每个交易者都应当在四五年的时间里做学徒，但这不现实。私人交易者（包括笔者本人）以极不负责任的方法进行自我教育，最终往往付出极为惨痛的代价。

　　众所周知，人人都有基本的人权，但人们很容易忽略自己应承担的基本责任，尤其是对自己和家人的责任，这一责任要求我们以最合理的方式利用手中掌握的财务资源。

　　交易者必须积极地行动起来，为他们在市场上所做的一切负责。主要可通过以下三种方式：

交易教练

　　有的交易者遭受损失时不反省自己，只一味怪罪他人，而获得收益时，他们会把所有功劳都归功于自己，这样的交易者学不到任何东西，他们会陷入恶性循环，最终血本无归。他们无法靠自己解决问题，必须依靠身处恶性循环之外的其他人向他们展示解决方案。

对交易负责的最佳方法是对他人负责。例如，如果我们需要完成一定的设置才能开始交易，而且我们知道稍后必须向其他人解释我们的行为，那么我们更有可能遵循既定的策略，这正是交易教练或导师有用武之地的时候。

市场上有一种新颖独特的教育定价模型，该模型认为，学习成本与我们对学习的抗拒力成正比。我们越固执，我们付出的成本就越高。正如2010年有关中国台湾证券交易所的一项研究所证实的那样，"'在交易中学习'根本行不通。"

此外，针对法国交易者的一份研究报告指出："交易最频繁的人……损失最大。那些随时间的推移提高交易频率的人也是如此，这表明交易中的学习效应根本不存在。"

聪明的人不仅从自己的错误中汲取教训，也从他人的错误中汲取教训。当我们可以从他人身上吸取需要的经验时，我们何苦要自己以身试错呢？

要认真地对待交易，我们就需要接受良好的培训。我们需要与经验丰富的交易者接触，了解他们做什么、如何做。这需要与他们建立一定程度的信任，需要付出一些资金，需要投入大量的时间。

新手通常对花钱聘请交易教练有抵触情绪。就我个人来看，我想到了一位资深交易者说过的话："能者做交易，无能者教如何交易。"我认为，如果教练们都擅长交易，他们早就去市场上赚大钱了，何必讲课（和写书）呢？

这是萦绕在众多新手脑海里的一个问题（或者说疑虑），这表明他们对交易行业缺乏基本的了解。一些最成功的交易者每天不会花很多时间盯盘，然而，他们需要与市场保持联系，还需要不断磨练他们的交易技能。教别人交易之道是实现这些目标的最佳方式，因为这能迫使教练们更深入地了解交易并践行他们所讲授的方法。

个体交易者的生活经历和性格迥异,因此他们有时会采用教练之前未曾考虑过的交易方法。此外,新的社会趋势和观念往往从基层开始萌芽,因此与广大学生互动对教练有利,也对培训课程有利。

这种关系还有一个重要的社会功能,因为运用特定交易风格的从业者往往会形成非正式的团体。优秀的指导者很清楚,不存在对交易技巧的垄断,最出色的交易者明天就可能坐到他们面前。

了不起的交易者通常缺乏向他人传授知识的能力,就像运动场上的明星很难转型为教练一样。从另一个方面来看,世界上最出色的体育教练中,一些人在赛场上的表现很普通。训练他人所需的技能与上场参加比赛所需的技能完全不同,我们有可能成为卓越的交易者,但我们可能需要一位交易绩效一般但教导能力出众的人指点迷津。

关于这一话题,我最后想说的一点,也是在物色教练和指导者时需要提防的一点是:有些人会对市场做出自信和令人信服的预测,当预测与事实不一致时,他们照样能给出自信和令他人信服的理由。当他们做出了足够多的预测时,有一些肯定是正确的。毕竟就像钟表一样,即使表针不走,一天之内它们也能指对时间两次。

交易者需要会运用概率知识并接受流程限制的教练。教练的工作是指导他人做同样的事情,并使交易者对其行为承担全部责任,向我们提供交易建议不是他们的工作。

交易记录

正如我们之前看到的,良好的交易记录能区分成功的交易者和赌徒。做记录就是在履行交易责任,要使记录发挥效力,就必须实事求是地做记录。由于良好的记录是交易的重要组成部分，我们将在"七大记录"中详述这一主题。

市场上的因果报应

负责任的交易的最后一部分事关我们订单的非财务影响。在日常生活中，我们不会在不考虑后果的情况下盲目地做出影响他人的决策，如果这样做了，我们很快就会陷入困境。

我们在生活中做的每一件事都会对周围的人或物产生影响。大多数情况下，影响是无害的，但有时，一桩小事也能引起大波澜。老话说得好，"星星之火可以燎原"。

交易类书籍中最不可能出现关于道德问题的探讨，所以您在本书中也找不到这样的内容，但是，有些人喜欢思考这类问题，因此我们在"九大筛选因素"中探讨了如何筛选可能与我们的道德观相冲突的股票。

例行程序

交易新手的经历可用这两个词来形容：困惑和沮丧。他们必须在不确定的环境中做出决策，而且他们不确信自己的决策是否正确。他们就好像再一次经历了少年时代，只不过这次没有父母为他们收拾烂摊子了。

能否在市场上做出盈利的决策，关键在于交易策略。策略有助于提高我们的盈利能力，但同样重要的是，我们要始终知道自己在做什么。按策略进行交易时，我们消除了对任何结果做出强烈的情绪性反应的可能性，因为我们认为，是"策略"而非"我们的决策"导致了这样的结果。

当年我与专业的交易者开始共事时，我惊讶地发现，他们交易的股票与我的相同，但他们都从中获利了，这是因为他们遵循了一套例行程序，

● CHAPTER 6 / 第6章

将交易管理得井井有条，一切盈利的交易例行程序都包含一套核心的策略。

交易策略

确定了首选的交易风格后，我们要学习适应风格的交易策略。良好的策略必须以可靠的交易记录为基础，而可靠的记录要以全面的回测结果为支撑，制定我们自己的策略并进行回测是个耗时的过程。

除了自动交易和算法交易外，近年来出现的交易策略比较少。早在公元前400年左右，印度人就已经在使用斐波那契（Fibonacci）数列（交易者用其确定反转点和价格目标）了。[①] K线图（又称蜡烛图）是技术人员喜欢使用的另一种图表，据称日本人在19世纪末就开始已经使用它了[②]，这些工具的悠久历史已经证明了它们的价值。交易策略也一样，我们只需要选定一个并坚持使用它。

好的策略可以使我们自信、冷静地面对市场。信心对交易者至关重要，但与其说是对交易策略有信心，还不如说是对运用策略的自己有信心。大多数策略都很简单，问题常常出在运用交易策略的人身上。

如果我们形成了冲动交易的习惯，那么我们将继续处于不利的境地。同样，当我们买入股票且股票持续上涨时，我们可能因一时冲动而平仓，经过充分验证的策略可以解决这些问题。遵循这样的策略，我们可以在各项条件得到满足时进入和退出交易。

我们应该能记录下运用的每种交易策略，这样我们无须做进一步的说

---

① 帕马南德·辛格（Parmanand Singh），《古代和中世纪印度的斐波那契数列》（*The So-called Fibonacci numbers in ancient and medieval India*），《数学史》（*Historia Mathematica*），1985年第12卷（3），第229—244页（doi:10.1016/0315-0860(85)90 0 21-7）。

② 史蒂夫·尼尔森（Steven Nison），《日本K线图技术新解》（*Beyond Candlesticks: New Japanese Charting Techniques Revealed*），ISBN 978-0-471-00720-3。

明，其他交易者就能理解它们。如果做不到这一点，这说明我们没有运用适宜的交易策略。我们的策略至少应确认我们进入交易的方式和时间，进入交易后如何管理，在什么条件下退出。在交易过程中的任何阶段，我们都应该清楚自己该做什么。

如果我们青睐的策略没有产生预期的效果，我们是否会调整它？这就提出了另一个挑战，因为策略非常容易受人摆弄。我们很容易更改技术指标的设置，这意味着我们很想在继续运用该策略的同时调整它。

罗伯特·普雷希特（Robert Prechter）曾一针见血地指出了上述问题，他写道："大多数交易者都采用一套良好的体系，而且试图完善体系的做法常常破坏了体系。"如果我们的交易是盈利的，那么这说明我们的制度已经很完美了，不应该再折腾它了，只需要注意自身就可以了。

一些盈利策略的成功率降到了40%，这意味着我们的大部分交易将以"亏损"而告终，而获利的交易可能是反常的、出人意料的。"盈利的"交易往往会给人侥幸的感觉，但是，当"侥幸的事情"一再发生时，我们在交易中运用的策略就是盈利的。要把"侥幸"转变为现实，唯一的方法是遵循例行程序。

小册子中描述的策略看起来很棒，但把它们运用于交易实践时，它们通常没什么效果。另外，在同一市场中运用同一策略的不同交易者往往会得到截然不同的结果，这是策略和个性匹配的结果。为了完全掌握交易策略，我们必须逐步走完流程，在导师的密切监督下自行交易。

交易信号

每种优秀的策略都应有一套明确界定的条件要求，只有这些条件得到满足时，我们才能运用它们进行交易，通常情况下是技术指标要求，它们能发出我们需要的交易信号。我们应该把这些信号视为密码锁上的码盘。当所有的数字正确，且齿轮对齐时，市场的大门才能向我们敞开。

我们将在"十大工具：技术指标和订单简介"这一章中更详细地谈论信号问题，在第三部分还会重述它，但此刻我们应记住的一点是，每一种策略都有与之相对应的主要信号。如果交易者采用的是趋势跟踪策略，那么移动均线这类滞后性指标就很有用。对于波动交易，最好是看股价在中心线附近的波动幅度。除了基础信号外，还要有支持信号，而且支持信号可能不止一个（但也不应太多）。支持信号应该是反映不同市场视角的指标，不能与基础指标释放的信息完全一样。

结论

新手在策略的例行程序和技术指标上花费了太多的时间，他们应该集中精力运用理性思维和控制风险，能否获利主要看这两个方面，但这二者受到的关注最少。而第三个因素，即我们要对自己和我们的决策负责，则常常被完全忽略。

第 7 章

五个阶段：成功交易者的职业路径

成功的交易者遵循的路径清晰明了，当我们把它拆解为五个阶段时，我们会发现，它并没有人们预想的那么令人生畏。

鲁莽

20世纪80年代，我经常光顾一家酒吧，这家酒吧的名字很时髦，叫"爱情故事开始的地方"。几年后，当我再次进入这家酒吧时，我对它的看法与之前完全不同了。交易新手对市场的爱恋不可避免地始于浪漫的鲁莽行为，从我自身的经历来看，确实如此，玫瑰花很美，但花刺很扎人。

开始交易后，我不断地从一个市场跳到另一个市场，为了快速获利，我使用了不同的工具。我不断地转换风格，并尝试了四个不同的交易平台。我总是心神不宁，总是不断核查自己的仓位。财经频道那些躁狂的主持人让我的情绪忽上忽下，他们对我造成的不利影响大于任何其他因素。

回顾那段日子我发现，让我摆脱困境的是我对股票的偏爱和节俭的本能。值得庆幸的是，我不是靠默念"万福玛利亚"（Hail Mary）和不停地祈祷从事交易的人，这样做交易会导致灾难性的损失，许多新手因此而退出了股市。

● CHAPTER 7 / 第 7 章

赔钱

重要的一点是,我们开始做交易时要赔钱。实际上,这是一项基本的工作要求。损失是行业入门费,我们损失得越多,我们"面试"的效果就越好。处理损失是交易新手的工作,所有人在开启新的职业生涯时都要经历一番磨难。

接受和理解损失可为我们未来取得成功奠定基础,遗憾的是,许多交易者不理解入行之初得到学习机会的重要性。

新手赚钱的后果可能更糟糕。当新手在几笔交易中赚到的钱抵得上一个月的工资时,他就会对自己的本职工作失去兴趣,就会考虑转行做全职交易者。数着从交易中赚到的钱时,他体验到的不是成功的快感,而是一颗子弹划过头顶的微风,他会变得飘飘然。当现金充裕时,他会增加持仓规模,冒更大的风险。这样,他账户里的钱就会被庄家盯上,这些庄家下次就会从他这里"割韭菜"。

承认

与其他交易者交流后我发现,所有人的经历几乎都一样。诚实的新手在赔钱,其他人要么不好意思承认,要么懒得改变现状。有意思的是,尽管文化和教育背景各异,尽管采用了不同的方法,但我们都陷入了同样的困境。

医护人员到达事故现场后,首先要做的是止血。同样,当我们意识到自己在鲁莽地从事交易时,我们也要阻止资金从账户里流出。为此,我们需要停止交易。

过度交易是导致新开立的交易账户消失的主要原因之一。更糟糕的是,交易者不会"损失"钱,这些钱只是被转走了。他们损失的钱不会流入华尔街，而是流入了其他交易者的账户里。每天有数十亿的美元易手，它们从业余交易者的数千个账户里转到了专业交易者的数百个账户里。当输家停止交易时，赢家也就停止收钱了。

糟糕的交易者就如同糟糕的谈判者，每次他坐到谈判桌前时，他都注定会得到一份糟糕的合约。

对于新手而言，这正是事情变得难办的时候，因为他们要承认这一点：他们对交易已感到力不从心。这可能是明事理、有悟性的人要吞下的一片苦药。

邓宁—克鲁格效应（The Dunning-Kruger effect）

1999年，美国社会心理学家贾斯汀·克鲁格（Justin Kruger）和戴维·邓宁（David Dunning）对康奈尔大学的65名本科生进行了一系列测试。他们测试了学生的幽默感、逻辑推理能力和英语语法，然后要求学生对自己的能力进行评估。这项研究得出的结论是，当人们认为自己擅长某些事情但实际上并非如此时，他们不会意识到自己的无能。

邓宁和克鲁格在最终的报告中指出：

"我们认为，那些在某个领域内知识有限的人承受着双重的负担：他们不仅得出了错误的结论，犯下了令人遗憾的错误，而且他们没有能力意识到这一点。"[1]

如果说要对鲁莽的交易下个定义的话，那么上述这段文字十分恰切。

---

[1]《不熟练和无意识：难以认识到自己的无能导致夸大的自我评估结果》（*Unskilled and Unaware of It: How Difficulties in Recognizing Ones Own Incompetence Lead to Inflated Self-Assessments*），见网址：citeseerx.ist.psu.edu/viewdoc/download?doi=io.i.i.64.2655&rep=repi&type=pdf。

● CHAPTER 7 / 第 7 章

重振旗鼓

一旦亏了钱的交易者停止交易，他们可能需要离场一段时间，然后再做出是否重新入场的决定。他们可能重振旗鼓，这需要他们付出一番努力，需要有一定的耐心，或者他们可能完全放弃交易。要保住账户里的剩余资金，不外乎这两种选择。

如果他们选择重振旗鼓，那么他们可能需要：

（1）切实评估自己的交易能力；

（2）接受合理的投资回报；

（3）确定交易的市场；

（4）找到适合自己个性、生活方式和资源的交易风格；

（5）学习一种能盈利的交易策略；

（6）持续运用风险管理工具；

（7）保持良好的记录；

（8）谦虚低调，心态开放。

当他们以新的规则和记录重新开始交易时，他们账户里的余额将停止减少，但可能不会增加，至少不会马上增加。这是常见的现象，实际上也是好现象，说明他们在进步。他们在从事交易，但不像以前那么损失巨大了，他们的风险管理工具发挥了作用。

随着时间的推移，新手们会遇到更大的挑战，要使交易扭亏为盈，他们需要具备一定的经验和技巧。就像鸟儿一样，要想振翅高飞，就必须先学会如何飞行。下面列出的是我学到的一些技巧：

基础准备

当我们烤肉或者洗衣服时，我们实际上并没有"烤"或"洗"任何东西。

我们只是做了一些基本的安排，为这类事情的发生创造了环境。热量可以把肉烤熟，水可以把衣服洗干净，我们只是促成了事情的发生而已。

同理，我们不会从交易中"赚钱"，我们只是做了金融方面的基本安排，创造了从市场机遇中获利的条件。赚钱只是我们活动的连带后果，而不是活动本身。

环境适宜时，为盈利做好基础准备需要我们投入大量的时间和精力，这可能涉及制定回测策略、保存记录、听课、参加活动、查找和手动输入数据、阅读报告和在市场上进行自我教育等。这些活动很单调，不那么吸引人，但它们都是交易中的基本活动，就跟日常生活中的柴米油盐、锅碗瓢盆一样。

在完成一天的旅途或办公室工作后进行交易，这样的想法听起来不太诱人，特别是当我们在旅途中有一些消遣活动或者我们要陪伴爱人或孩子时。在繁忙的日程安排中抽空进行交易时承受的压力非常大，因此我们往往会产生走捷径的想法。

当我们工作忙碌时，为了在市场上保持活跃或者为了与市场保持联系而开展交易的做法是赌博。我们在市场上的每一笔交易都应当是一个过程的最终结果，而不是开始。如果我们没有做足功课，那么在情况改观之前最好不要进入交易。

设备

在世人眼里，交易者都坐在一排屏幕前，但实际上，我们只需要一个屏幕就够了。24英寸×27英寸的大屏足够我们查看所有的内容和细节。如果使用的是笔记本电脑，那么还可以连接外接显示器。

对于私人交易者而言，一台出色的笔记本电脑是必不可少的工具。可

● CHAPTER 7 / 第 7 章

使用"超薄"机型,但屏幕至少得有15英寸,分辨率要高,运行速度要快。我个人使用的电脑是苹果MacBook Pro,而且我用虚拟机在电脑上运行Windows系统。

预测

新手常犯的一个错误是养成了预测的习惯。当这类思维影响我们的交易决策时,我们可能遭受严重的损失。我们必须不断提醒自己,不要预测即将发生的事情,因为接下来可能发生任何事情(也可能什么都不发生)。

我们都知道,市场会出现周期性的波动,与其浪费时间预测市场未来的走势,还不如花时间学习如何识别市场的波动规律并为此制订交易计划。

尴尬感是奇妙的促进因素,我们应当利用它为自己获益。如果我们习惯于做预测,那么我们应当把预测的结果公之于众(也许我们应该为此开通一个博客)。这样,当我们的预测无法实现时,希望我们面临的尴尬会阻止我们继续做出预测。

专业知识

有些人认为,在某个领域钻研10000个小时就能成为专家,但市场交易并非如此。"交易专家"迟早会变得自满和老套乏味,此时,市场会让他们现出原形。

著名的日本禅师铃木俊隆(Shunryu Suzuki-Roshi)告诉我们:"初学者能看到很多可能性,老手只能看到少数可能性。"[①]在市场上,一切皆有可能发生,而且每天都是新的一天,因此,真正的市场老手始终将自己视为新手。

---

① 铃木俊隆,《禅者的初心》(*Zen Mind, Beginner's Mind*),香巴拉出版公司(Shambhala Publications Inc)2011年出版,ISBN-13: 978-1590308493。

"聪明钱"

一些交易者在遭受一系列损失后会认为,市场在跟他们对着干。马基雅维利式(Machiavellian)的大阴谋需要组织,但全球性的金融体系比表面看起来更混乱。大金融机构通常被内部问题所困扰,它们既没有时间也没有精力来实施阴谋。当我们认为自己受到了阴谋的阻碍时,我们应当先反省自身的问题。

正如大海无法区分巨型拖网渔船和小型沿海渔船一样,市场的涨落对所有人都一视同仁,因此,无论资金规模是大还是小,我们盈利的机会与其他人一样。

当跑不赢大盘时,我们不要太过失望,跑不赢大盘的人多的是。每隔6个月,标普道琼斯指数就会发布一次SPIVA计分卡[①],该计分卡显示了"主动管理型基金与各自基准的比较结果"。

从截止到2017年12月29日的数据来看,在过去的5年里,美国84.23%的大型基金的绩效不及标准普尔500指数。欧洲基金的表现要好一些,有73.26%的绩效不及标普欧洲350指数。在澳大利亚,有68.69%的大型基金跑输了基准指数。日本和印度是基金绩效最好的国家,有44.31%和43.4%的大型基金绩效不如它们本国的基准指数。

市场上充斥着有关"聪明钱"和"愚蠢钱"的话题。据说大型基金的管理者很聪明,而散户们反应迟缓。在我看来,机构唯一的聪明之处是,大多数情况下它们使用的是别人的钱。当一个人必须依靠交易绩效来支付账单时(如私人交易者一样),收费管理他人的资金似乎是明智的选择。

---

① 标普道琼斯指数,SPIVA报告,截止到2017年12月29日的数据,网址:us.spindices.com/spiva/#/reports。

● CHAPTER 7 / 第 7 章

你也有份儿吗

在历史上的某些时刻，巨大的变化快速发生，这些短暂而剧烈的突破性变化和由此导致的混乱决定了未来几年的一切。尽管这些事件带来了巨大的挑战，但如果我们有足够的智慧识别它们并加以利用，我们就能变挑战为机遇。

战争就是个好例子。在战争中，历经数代的社会结构和国界被消除，新的社会结构和国界建立。政治家和将军们知道，战场上几天内取得的成果比在联合国谈判数十年取得的成果还要多。战场上没有规则，也没有界限，新的规则和界限是在战斗过程中创造出来的，因此参战的人会抓住机会，并最大限度地利用机会。

市场就是一场持续不断的金融大混战。在市场参与者之间的斗争中，一切都在瞬间改变，而且改变会给每个人留下持久的影响。这是一个极具挑战性的工作环境，也是能遇到绝佳机会的地方，如果我们能有条不紊地采取行动，那么我们就能抓住千载难逢的好机会。

在《尤利乌斯·恺撒》（*Julius Caesar*）一剧中，莎士比亚以如下富有诗意的语言描绘了布鲁图斯（Brutus）说的话：

> 世事难料，人生起伏，
> 趁着高潮勇往直前，
> 一定可以功成名就；
> 不能把握时机，
> 就会终身蹉跎，
> 一事无成。①

---

① 威廉·莎士比亚（William Shakespeare），《尤利乌斯·恺撒》，帕拉拉出版社（Palala Press）2016年出版，ISBN-13: 978-1355470489。

这几句话完美地概括了市场上固有的机会。在金融大潮中前行并非易事，但如果我们知道如何驾驭它，它就能为我们带来财富。交易者必须敢于尝试，抓住时机，在市场大潮中扬帆起航。

市场引擎

资金的所有者绝不会让资金闲着，他们会不断地"寻求收益"。业余投资者和交易者通常采用的方法是，用现金购买上市交易的金融工具，之后再卖出金融工具收回现金。然而，这一过程只涉及我们熟悉的六类主要资产中的两类。这六类资产分别是：

1. 股票（上市公司股票）
2. 固定收益（债券）
3. 现金（硬通货）
4. 房地产（不动产或基金）
5. 商品（实物或ETFs）
6. 其他（其他任何资产，例如艺术品、葡萄酒、私募股权、林业等）

各类资产的变化就好像六缸内燃机内活塞的升降运动，我们要考虑的不是同一活塞（股票）在汽缸体（现金）内做往复运动，我们考虑的是从一个活塞到另一个活塞的运动。

经验丰富的投资者会持有每种资产至其周期的顶点，而且当他们看到另一种资产开始升值时，他们会转而持有该资产。他们了解市场曲轴（crankshaft）的形状，即驱动全球金融引擎的情绪，因此他们知道即将上涨的是哪一类资产。

CHAPTER 7 / 第7章

悬浮在空中

每年，我都会和一群朋友租一艘船前往红海，船上载着16名潜水员和船员以及所有的装备。我们在埃及沿岸航行，搜索沉船，还会在美丽的珊瑚礁上观赏鲨鱼和海龟，平静而蔚蓝的水域让习惯了在北大西洋多雾多雨的海域进行水下攀岩的英国和爱尔兰潜水员们惊喜异常。

在出海的那一周里，我们先是顺着锚定在海底的绳索升降，然后在开放的水域"自由上浮"，这意味着我们可能在任何地方浮出水面。对于一些潜水新手来说，这是非常具有挑战性的操作，因为他们当初是在有岩石露头和海藻摇曳的环境下接受的训练，但现在他们悬浮在空中了，没有任何参照物。

在这个透明的三维空间里失重漂浮对我们所有的感官都形成了挑战。固定的物体不见了，呼吸的声音被放大了，所以我们很容易迷失方向，飞行员在穿越云层时也会出现这种摸不清方向的情况。解决方案是参加培训，锻炼靠信息而不是感官做决策的能力。

这种令人困惑的心理体验与我们在市场中遇到的情况非常相似，一切可靠的事物都消失不见了。但是，在市场中迷失方向要比在潜水或飞行时迷失方向更糟糕，因为我们会错误地认为，图表上显示的历史价格走势是可靠的参照。我们认为，我们应该相信它，价格走势仍会像之前一样。

经验丰富的交易者已学会了如何在这个陌生的世界里舒适地进行操作。他们知道，图表上的每条线都可能有不同的含义，他们认为，固定资产与流动性资产不存在冲突。就像悬浮在海水中的水母一样，它们很乐意顺着潮汐漂流，即使不以固定物作参照，它们也不会迷失方向。

市场不断形成又分解，它变化无常，难以捉摸，我们永远都无法真正了解市场，我们应停止这样的尝试，过多的尝试只会让人迷失方向。我们应当关注于技术指标释放的信息，降低对其他刺激因素的依赖性。

这样做的好处巨大，但我们还需要注意技术指标的局限性，在运用它们时，要辅以常识和风险管理。潜水电脑不会告诉我们，我们已经身处鲨鱼出没的海域了，我们的飞行仪器也不知道航空公司已经宣布破产了。同理，我们的技术指标也不知道，股价何时遭到了操纵或会计师是否正在上创意写作课。

永恒的情感变化

事件的性质越来越由我们的感觉界定，而不是由它们对我们生活的实际影响来界定。除非我们产生了情感反应，否则一切似乎都不是"真实的"，而且，情感反应越强烈越好。

这也许是我们对更为组织化的世界做出的一种反应。在这个世界上，我们觉得自己就是数据库中的数字。数字不会笑，不会哭，不会发脾气，因此，如果我们产生了情感反应，那么这说明我们还有人性。

必须把这种现象的部分原因归咎于"真人秀"电视节目。这种人为的建构从情感偷窥者的视角考察了人的境况，但是，在有人感情失控、大哭起来之前，"真人秀"并不真实。所有这一切都证实了情感的力量，并增强了这一观点的可靠性：身处困境时，强烈的情感反应是最终的逃亡，"关掉镜头吧，我太难过了，现在说不了话。"

就像冗长的肥皂剧一样，市场陷入了永恒的情感波动中，最出色的交易者就像经验丰富的摄影师，他们漠然地观看着永不落幕的戏剧。这并不是说他们具有反社会或者机械化的思维，他们只是把交易活动置于了正确的情感背景中而已。

当逻辑和理性导致我们失败时，我们会自动开启情感防御机制，交易

CHAPTER 7 / 第 7 章

就会变得异常困难。当情感成为我们交易的出发点时，盈利的希望将不复存在。我们把资金投入市场进行交易，但我们最终也会投入情感。在此过程中，我们允许市场把我们扣为人质，而我们不得不支付赎金。

如果我们正不幸地承受着过重的情感负担，那么我们要减少对情感的依赖。市场是抬钱的好地方，但情感化的投资得到的回报为负。

无论我们是高兴还是悲伤，是兴高采烈还是暗自神伤，我们都应该能一以贯之地运用我们的投资策略，我们的心理和情感体验无关紧要。如今，我们在市场上的最大竞争对手是人工智能，而不是其他交易者或机构。机器人是实物，它们没有情感，这一点要引起我们的重视。

市场啦啦队

在企业内工作的人最好要表现出"积极进取"（can-do）的态度，因为在会议室里，最可怕的就是被视为"态度消极"的人了，但交易者必须持客观中立的务实态度。在简历上对自己选择的职业"充满激情"看起来很棒，但到了市场上就不一样了，有许多禁忌需要注意。

在某个时刻我们会意识到，我们不能再参加21岁的生日聚会了。同样，当我们变得成熟时，我们就不会在意市场的炒作了。我们会遇到好的交易，也会遇到糟糕的交易，好坏交替。随着时间的推移，无论遇到什么样的交易，我们都不会觉得兴奋了。当我们与市场打交道时，我们应该保持政府官员而不是啦啦队员的心态。

没有盈利就没有亏损

严格来讲，我们从事的不是"盈利"或"亏损"的交易，我们从事的是增加或减少我们账户余额的交易。盈利意味着我们击败了一些人或一些物，这意味着我们不仅仅获得了财务上的收益。从来都不是如此，同样，亏损与失败者相关联，我们永远不想成为失败者。然而，出色的交易者都知道如何体面地亏损。

盈亏概念有助于解释许多人的交易过程，但我们应当注意，这类措辞会悄悄地出现在我们有关交易的交流中。我们不应该只注意字面意思，我们应当永远记住，我们谈论的是所谓的"盈亏"。

如果我们沉迷于盈利的感觉，厌恶亏损的感觉，那么即使交易是盈利的，我们也总是会感到很沮丧。利用日内交易策略可能会使我们在30%～40%的时间里"亏损"，利用波动交易策略使我们在40%～50%的时间里亏损，而利用周交易策略亏损的时间高达60%。运用这些策略在大多数时间里都是亏损的，但从长远来看，利用它们是盈利的。

智能手机

对于许多人来说，智能手机已经成了数字安抚奶嘴，当焦虑的想法出现时，我们会本能地找手机。事实上，我们不需要知道市场上发生的每个事件的具体情况，就如同我们不需要时时刻刻监测我们的脉搏跳动也知道我们还活着一样。

如果持续地监测市场，我们会有一切尽在掌握的感觉，但这样做会让我们分心，会使我们产生挫败感。考虑到市场的特性，我们真的需要一周7天、一天24小时不间断地密切关注它吗？交易者要比手机更明智，对市场的监测也要有度。

做空交易

正如双重代理人告诉你的那样，当你两头下注时，事情就变得复杂多了。

● CHAPTER 7 / 第 7 章

　　做空股票听起来是个好主意，而且做空者常常成为传奇人物，但这种做法并非没有缺点。做空交易的风险要大得多，因为我们从一开始就受市场的摆布，而且它向来不会心慈手软。

　　当我们做空股票时，我们的经纪人代表我们从其他客户那里借入股票并立即在市场上出售。我们之所以做空股票是因为，我们认为股价即将下跌，而且我们计划稍后以较低的价格回购它们，然后偿还所借的股票。所有这些操作可在瞬间完成，我们需要做的就是按下一个按钮。之后，当需要偿还时，我们买入股票偿还即可。

　　当做空交易进展顺利时，交易者会取得令人惊叹的绩效，因为这类交易很快就能产生可观的利润。做空者说，股市上涨就像人爬楼梯，得一个台阶一个台阶地往上爬，但股市下跌就如同人坐电梯下楼，忽地就下来了。发生严重的事故时，电梯都不好使了，人会直接跳窗。在市场开始下跌时做空是明智之举。

　　股市出现回调时，主流媒体会铺天盖地地做报道，人人都忧心忡忡。如果我们是空头，此时我们会觉得自己很聪明，但我们绝不能自鸣得意，因为顾名思义，做空交易策略的使用寿命是有限的。**其原因有如下四点：**

　　1. 做空交易可能是反趋势交易，因为股市的长期趋势是上涨的。除非被做空的股票处于终极下跌阶段，否则当修正性回落结束时，股市会复苏而且会持续创新高。这意味着做空交易就像在市场上倒着走一样，为防止走到坑里，我们得一直回头看。

　　2. 持有空头头寸的交易者欠着股票债务，在未来的某个时刻，他必须在市场上买入股票还债。他最初卖出的股票不是代管性质的，他必须以现价买入新的股票，而现价由当时的市场情绪决定。当市场上涨时，卖方会索要较高的价格，买方则不得不以高价买入。

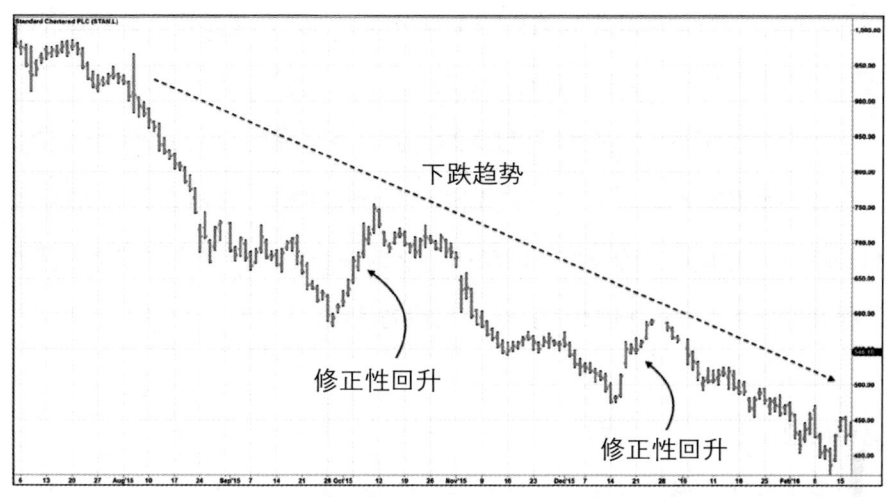

图10　渣打银行集团（STANDARD CHARTERED）日柱状图：
下跌趋势中出现了修正性回升

成功的做空交易就如同来自一家受监管的银行的一笔贷款因股价突然暴跌被部分冲销了。失败的做空交易就好像银行把这笔贷款的债权卖给了黑社会，他们向我们施压，要求我们偿还的款额高于最初的贷款额，而且马上就得全部偿还。

当所有的贷款被立即收回时，惊慌失措的买方会在市场上大肆买入股票，就会出现逼空（short squeeze）现象，利用逼空进行交易（利用黑社会的受害者）是一种非常盈利的策略。

因此，股市暴跌后可能出现强劲的反弹，这种"反应性回升"之所以会出现是因为，买家的情绪比较乐观，而且他们认为，修正可能要结束了——但逼空通常会促进股价的回升。

3.当我们进行做多交易时，我们拥有更多的控制权，因为我们手握资产，而且即使我们亏损了，亏损的额度也仅限于我们的账户余额。但在做空交易中，我们承担的债务不明，我们最终的损失可能超过我们的账户余额。因此，当你阅读经纪人给你的条款和细则时，你会发现，他们保留了随时干预我们的做空交易并进行平仓的权利。

4. 做多交易的利润是按复利算的，而做空交易的利润是分期摊销的。复利指的是利滚利，潜在的收益无限，而分期摊销正好相反：时间越长，利润越少。随着做空的股票不断减少，利润源也不断减少，我们从中获取的利润也越来越少——这是收益递减规律的体现。

健康问题

毫不奇怪，很多时候，交易者需要坐着。好的一点是，他们可以坐在世界的任何地方，不好的一点是，坐久了，他们的腰背会出现问题，更不用说腹部发胖了。许多职业交易者针对这些问题提出了一些新颖的解决方案，比如说时不时地休息一下，或者在跑步机上工作。无论是哪一种解决方案，我们都需要注意身体健康，缺乏锻炼会造成严重的后果。

在世人的眼里，私人交易者都穿着印有彩色编号的夹克，相互之间大喊大叫，但私人交易者的实际状况并非如此。实际上，低调交易才是正确的做法。通常情况下，交易者都是独自一人待在租来的办公室或者家里进行交易的。优秀的交易者往往会保持独特的思维和社交习惯，他们独处时不会有任何问题。

因此，私人交易者要保持内心的安宁，因为交易工作会对交易者的心理健康产生严重的影响，尤其是面临压力或处在焦虑中的交易者。最出色的交易者清楚自己的心理状况，不会在接连亏损后陷入困境。他们不会思考太多的事情，会定期给自己放个假，参加一些与交易完全无关的体育活动放松身心。

利好消息

就宏观经济（大局）而言，我认为，《经济学人》（*The Economist*）是最好的信息源。它对全球经济和政治的剖析深入易懂。此外，该杂志敢于挑战传统思维和特权阶层。2017年3月，密苏里大学的迈克尔·W.卡尼（Michael W. Kearney）针对8728名美国人进行的一项调查发现，《经济学人》是他们最信赖的新闻来源。[①]

在"另类事实"（alternative facts）的世界里，我们要获知真相就必须付出代价。作为交易者和投资者，我们应当每周都阅读该杂志。出人意料的是，这本广为阅读的杂志非常善于识别新的社会趋势和机遇，这对运用长期交易风格的投资者非常有利。

作为私人交易者，我们必须把间接费用控制在最低水平，因此，要尽可能地阅读网络上提供的免费信息。然而，我们无法长期免费获得明智而深入的市场分析。当然，我们会四处搜寻信息，但找到深入睿智的分析需要时间，也需要付出代价。

盘后数据

在用电脑绘制各种图表和进行技术分析之前，交易者只看7个数字（时间、日期、开盘价、最高价、最低价、收盘价和成交量）就可以在方格纸上手动绘制图表和计算指标。这是一项艰巨的任务，但在绘制图表和计算指标的过程中，交易者能对市场产生绝佳的感觉。当价格暴涨或暴跌时，一些数字会在图表上消失，他们不得不更换新纸并调整标度。

[①]《2017年值得信赖的新闻项目报告》（*Trusting News Project Report 2017*），雷诺新闻学研究所（Reynolds Journalism Institute）的研究项目，迈克尔·W.卡尼，2017年7月25日，参见网址：www.rjionline.org/reporthtml.html。

当他们先绘制了四五条10～15毫米高的线条，接下来绘制了四条3～4毫米高的线条时，他们会感觉到，价格在下降，波动幅度在变化。他们知道，市场可能见顶了或者在进一步走高之前暂停上涨了，因为他们亲自记录了变化，而不是看现成的记录。

当我们在图表上显示了大量的技术指标时，我们就会被过多的信息淹没，这7个数字的变化透露出的简单而深刻的价格行为信息就不易被察觉了。当新手完全依赖现成的指标和图表时，他们会茫然不知所措。

我并不是说我们应重新拿起方格纸和彩色铅笔绘图，但我坚信，当我们亲自获取绘制图表所需的信息时，我们能够从中获得有关市场的有益启示。但很少有交易者这么做，我认为这样做能给交易者带来强大的优势。

我们需要使用能导入第三方数据的一些绘图软件。我们无须担心过于复杂的元数据，因为我们可在网络上免费下载盘后（end-of-day）数据文件，文件格式为.csv，数据以逗号相隔。

CSV文件很好处理，文件里的每一行都是单独的数据记录，而且列示了计算机运行计算程序的日期。以文本文档查看这些数据时，每行的数据以逗号分隔开。我们显示的例子中包含7列数据。

在图表上绘制一周之内每个交易日的价格柱状图（不包括时间）时所需的盘后数据为：

表1　盘后数据（单位：美元）

日期	开盘价	最高价	最低价	收盘价	成交量
2017/3/6	125.12	132.21	120.63	123.29	365040
2017/3/7	124.15	131.96	119.34	122.75	330102
2017/3/8	100.97	122.18	100.31	121.13	359862
2017/3/9	115.01	122.39	113.45	118.82	455932
2017/3/10	117.32	118.34	100.42	117.94	387651

为了使练习更有趣并从中有所收获，我们可能需要编制自己的指标或指数。不需要太复杂，只利用收盘价即可，此时，我们只需要"日期"和"收盘价"两列的数据。

我们可能以上涨和下跌股、一个月内的首次公开募股（IPOs）、社交媒体的报道甚至用电量（反映"实体经济"活动的一个好指标）为基础编制指数，这么做的目的是了解未被他人审视过的国内市场活动。

运用现成的指标和数据时，我们会有每天晚上吃外卖食品的感觉，尽管食物的味道不错，但我们必须照菜单点菜，其他所有人都能做到这一点。努力获取自己想要的数据并创建指标就像买了原材料自己做饭一样，除了获得财务上的利益外，我们还保持了独立，对市场环境也会有更深入的理解。

后真相（Post-truth）交易

最近，社交媒体大肆宣传，催生了"假新闻"和"后真相"这对可怕的双胞胎。在过去，欺骗公众很难，因为编织的谎言要听起来合情合理才会有人相信，但现在似乎已不再是这样了。

后真相现象令许多人感到意外，2016年该词被评为年度流行词，[①]其定义是："诉诸情感及个人信念比陈述客观事实更能影响舆论。"

这恰好也是一个完美的市场定义。因此，在经验丰富的交易者眼里，后真相现象并不奇怪，因为他们已经在终极的后真相环境中操作多年了。

交易思想

按别人的思想进行交易就如同看着影子梳头。当我们交易时，我们就

---

① 牛津词典（Oxford Dictionaries），参见网址：en.oxforddictionaries.com/definition/post-truth。

成了自己的对手，因此模仿他人是没有意义的。正如我们之前看到的，最出色的交易教练会向我们展示如何交易，但他们不会填鸭式地向我们灌输交易思想。

我们绝不应当与他人攀比绩效，也不要以为跟随他人就会获得与他们一样的结果。只有当我们能够自行分析市场，并在此基础上制订交易计划和按照自己的原则践行交易思想时，我们才能取得进步，这是我多年来得到的最宝贵的教训。

例行程序

我们取得进步的一个确切信号是，我们按照例行程序进行交易，我们在上一章讨论过这一点的重要性。然而，了解例行程序的重要性是一回事，制定一套程序并一直遵循它是另一回事。

如果我们老是变换市场交易方法而且缺乏例行程序，那么我们是在给自己挖坑。这不是交易独有的现象，在我们生活的各个领域中，这种现象随处可见。我们总是在改主意，总是无法坚持之前的观点。有多少次当我们翻看老照片时，会对照片上自己土里土气的装扮暗笑不已？有朝一日当我们回想起自己现在在市场上的所作所为时，我们是否也会如此？

采用新的或与众不同的方法不一定能产生好结果。频繁地变换交易方法会产生致命的后果，因为当我们不断变换策略和风格时，我们无法掌握其中的任何一种。这不是"这次情形有变"，而是"这次我们有变"。我们变化无常，这是问题的根源所在。我们一直在改变对市场的看法，一直在改变对交易方式的认知，一直在改变对利润源的信念。我们缺乏一以贯之的思维，每一种方法都用不长久。

无论我们对世界上发生的事情是何种感觉，都必须坚持我们的策略，都必须处理好日常的交易琐事,正如人们所说:"当你不在市场时,你肯定无法盈利。"在市场上,最盈利的时刻恰是鲜有人在场的时刻。坚持例行的程序,当市场提供最大的收益时,交易者会在场。

华尔街的复苏

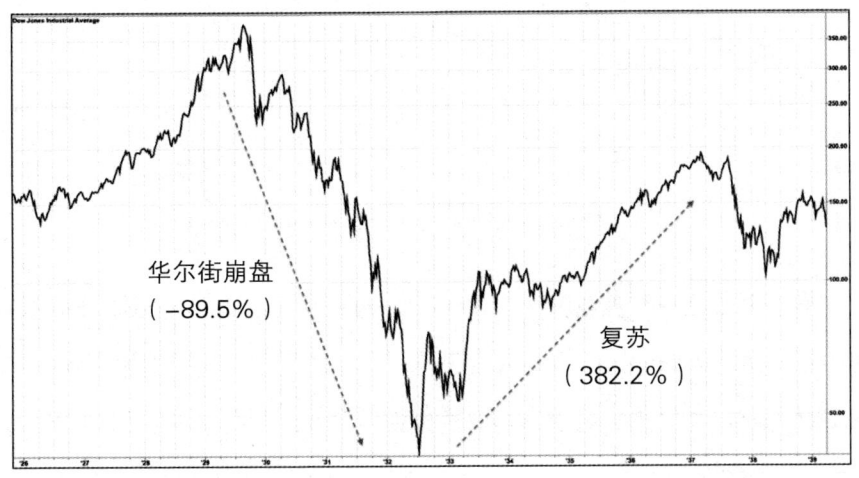

图11 道琼斯工业平均指数(1926—1939年)

1929年9月,华尔街股市开始出现崩盘的迹象,三年后,股市触底反弹,在此期间,道琼斯工业平均指数下跌了89.5%,这在金融史上留下了浓墨重彩的一笔。令人惊讶的是,我们从未听说过在此之后发生的令人难以置信的华尔街复苏。从1932年7月的最低价开始直到1937年3月,道琼斯工业平均指数实现了强劲的反弹,在所谓的"大萧条"的期间,该指数上涨了382.2%。

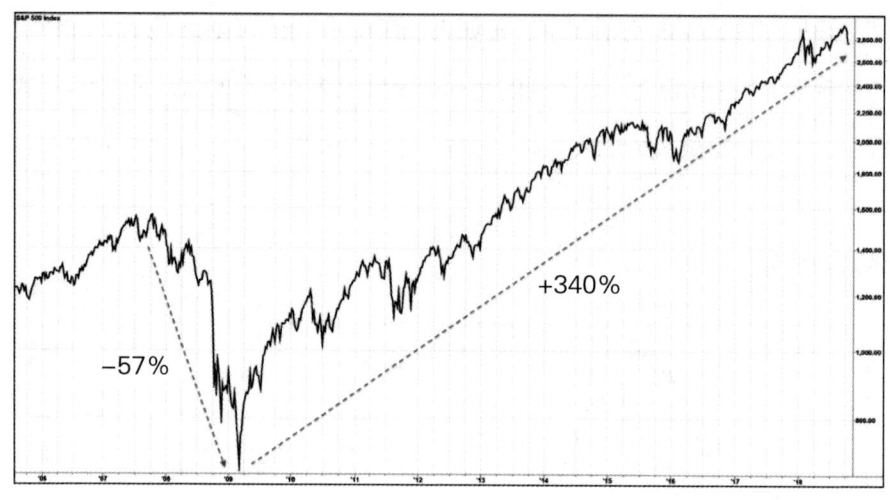

图12 标准普尔500指数（2006—2018年）

华尔街最近一次崩盘发生于2008年，直到今天，我还能遇到在此次崩盘中亏得血本无归的人，有的人发誓再也不碰股票了，真是遗憾！2009年3月6日标准普尔500指数触底，当时的跌幅达57%，但在接下来的9年里，该指数的涨幅超过了340%，于2018年9月达到了2940.91点。

回报

学会控制损失后，我们自然就会获得利润。此时最重要的是，要相信我们的策略，要专注于例行程序。交易时，我们不应该只盯着金额，最好将显示我们账户余额的交易平台窗口最小化。

当我们持有一些仓位时，我们真的不应该计较当日以现金计算的涨跌幅是多少。交易利润就如同草坪上的草，当我们开始丈量它时，它就不长了，因为我们把它踩到了脚底下，还挡住了阳光。但是，如果我们专注于维护工具，施以优质的肥料，那么很块草坪会变得郁郁葱葱、生机勃勃。

绝大多数人都知道如何花钱，但是如果我们把利润累积起来而不是花掉它们，那么我们就可以慢慢地把短期交易转变为长期投资。如果我们没有盈利，而且短期交易策略的效果不佳，那么我们肯定会运用从中获得的经验来管理我们的投资组合，这样，我们为了解各个市场投入的时间就不会被浪费。

第8章

六大优势：成功交易者的心理工具

讨论了交易者必须遵循的路径之后，现在我们探讨有助于交易者顺利完成交易之旅的六种心理工具。

没有所谓的思维定势

新手认为，取得成功要靠秘诀。这是一个很有吸引力的观点，因为大多数交易者都在亏损，所以少数精英人士必定具有与众不同的"优势"。对这种难以捉摸的优势的追求只会分散交易者的精力，导致他们忽略了本应做的更重要的事情，也使他们更容易被商人忽悠，遭他们盘剥。

认为我们可以在某些方面获得优势就如同"突破思维定势"这类管理学陈词滥调一样愚笨，根本就没有所谓的思维定势，从来就没有。认为我们必须突破思维定势的观念实际上是另一种思维定势，因为它让我们认为，我们每个人的观点都是独一无二的。就像买了同一款T恤的一大批游客一样，每个人都认为自己的与众不同，因为T恤上都印上了自己的名字，但商店老板心知肚明，所有的T恤都是从打印机旁的一个箱子里拿出来的。

追根溯源

其他交易者的想法与我们的一模一样，尽管我们使用相同的软件，浏览同样的数据，还可能上同样的课程，但每个人都认为自己具有优势，事实并非如此。他们盯着的屏幕与我们盯着的相同，他们的眼睛和大脑的功能与我们的一样。事实上，与我们交易的另一方与我们一样，我们之间的差异很小。

因此，要在市场上取得成功（超越自己），唯一的方法就是，以不符合交易者个性的方式行事，做我们认为我们不应该做的事情。为此，我们需要深入了解我们的行为，追根溯源，走进我们的内心世界。

交易中的心态

我们都曾遇到过商业大师、生活导师和励志专家，他们运用各种技能来帮助我们树立积极的心态、养成进取的习惯，抛弃消极和破坏性的思想与习惯。这种心态也能运用到交易中，好的心态有利于交易成功，而不好的心态则对交易很有影响。即使你不在研究图或思考市场，你的心态也会成为你成功交易市场的绝对关键角色。

作为一个交易者，需要通过思考和以更有效更成功的方式运作来提升自己的水平，这一点很重。但是如果你一直在这样做，却没有提升交易业绩、获取超额收益，那么就要回到自己的交易心态中了。

心态是需要不断练习的，一方面可以从交易中经验累积，另一方面也需要交易者不断总结自己的感受。在交易中，若是内心坚韧、冷静敏锐，那么在面对交易中的不确定性或逆境时，会有快人一步并找到并执行解决方案的能力。如果你希望作为交易者定期赚钱，你必须内心坚韧，面对市场持续的诱惑和不确定性，依然保持坚定不移的纪律。

总结自己的交易感受时，需要交易中用心去观察，就像用心去观察万事万物，也就了解了万事万物一样。在交易中可以记录自己的心态，比如在买入时的心态，或者在卖出时的心态，在感受的基础上进行锻炼。

交易中的正念

正念就是一个绝佳的例子。最近，个人职业发展指导专家和治疗专家都接受了这种方法，他们在设置培养自尊心的课程时，都纳入了正念模块，这真是太好了，因为无论我们的动机如何，只要能使我们的注意力不受杂事的干扰，任何尝试都是有益的。

正念是一个能帮助交易者修正心态的方法。最近，个人职业发展指导专家和治疗专家都接受了这种方法，他们在设置培养自尊心的课程时，都纳入了正念模块，这真是太好了，因为无论我们的动机如何，只要能使我们的注意力不受杂事的干扰，任何尝试都是有益的。

正念能够帮助投资者更清晰的审查市场环境；专注金融交易；从而帮助交易者保持内心的平静和敏锐，趋向理性的交易之路。

有说服力的案例是，当交易者过于拘束于单一的交易系统的时候，可能较少的顾及自己当下的心态，很可能出现过早平仓、过早卖出等情况。这个时候就需要交易者运用正念这个方法，能够帮助交易者保持冷静和敏锐，再一次认真的审视当下的交易行动。也就是说，正念提升了觉察水平，交易过程中交易者可以更好地管理自己的注意力，更清晰地观察环境的各个方面。正念交易者可以更清晰、更客观地看待市场发出的变化或者信号。

花费时间

人们通常认为在交易上花费时间指的是浪费时间，但它实际是想帮助交易者更加冷静和获得更多的回报。通常情况下，我们给予他人东西时期望得到回报。此时，我们并没有真正地给予，我们是在讨价还价，我们花费时间是有代价的。现在，我们要真正地正视这个问题。因为当我们给予了他人而没有得到回报时，如果我们心存不满，那么这就表明我们缺乏理性的心态。

就交易而言，我们投入的时间可能是无回报的，对此我们必须做好心理准备，不要期望我们花在盯盘上的每一分钟都能得到回报。我们不是顾问或出租车司机，我们无法按小时收费。我们必须花费数天、数周甚至数月的时间为交易做准备，而且不能指望有任何的回报。

退款保证

我们不仅要投入时间，我们还要开设账户和承担风险，还要向市场投放资金。如果我们把现金锁在经纪人的保险箱里，在那个黑暗和无菌的环境中，我们的现金不会增加。在遭受损失之后，这一点显得尤其重要。如果我们的策略释放出了进入信号，我们就必须慷慨地投入资金，因为此时我们在短时间内可获得相当于一年工资的利润。

市场上满是具有讽刺意味的情形，其中最大的一个就是，我们必须在以赚钱为唯一目标的环境中忘掉赚钱这回事，交易不是清点钱数或者追逐投放到市场上的资金。我们要么是交易者，要么是会计师，不可能同时身兼两职。当我们专注于交易的技巧并慷慨地向市场投放资金时，利润自然会来。此外，随着我们技能和经验的增长，我们也会获得退款保证。

保守

这一条很有意思。在许多人眼里，保守就是限制或拒绝做某些事情，即使"错误的事情"让人感觉很好，我们也要强迫自己做"正确的事情"。

我们脑海里经常浮现出来的形象就是校长、教官或在国际货币基金组织工作的经济学家，他们制定了规则要求我们遵守，告诉我们该怎么做。有些时候，保守带来的不一定是好结果，但有的时候保守带来的也不一定是坏结果，所以，我们应从当下做的事情而不是不应当做的事情看待保守。保守不是抑制或控制什么，而是在正确的时间里做正确的事情。

对于这一点我们要多加小心，因为保守本身是毫无意义的，而且可能是危险的。当我们进行交易时，我们可能对自己要求极高，特别是当我们天生具备雄心壮志时。我们不应当设定难以企及的目标，不能期望一开始就获利，获利需要时间，因此我们应该适当地放松身心。

交易中的保守指什么？ 交易中的保守指的是，坚持计划不动摇，因为我们知道，这么做不会使我们陷入困境，而且能使我们进入获利区间。它意味着我们不能贸然进入交易，而是要等待时机成熟，因为我们知道，所有成功的交易都是这么开始的。它也意味着我们每次建仓时都要设立保护性止损单，以防过后我们忘记设置。

每天要做好交易前的核查工作，因为由过去的经验可知，不做准备就贸然进场会受到惩罚。周末，当别人踢球时我们要做分析和准备工作。我们要按照预期的计划进入交易，哪怕它看上去很恐怖，因为我们过去曾因为不够勇敢而错失了良机，悔恨不已。

盲目地盯盘

我们还要限制盯盘的时间。尽管我们必须为交易投入大量的时间，但也不能过度。如果我们不加注意，就可能会花好几个小时研究图表，机械地盯盘，我们应当为喜欢的交易设置警报或条件订单并离开屏幕。

一个好朋友

简而言之，保守就是在正确的时间里做正确的事情，经验告诉我们，这是最有利的做法。保守不是强加在我们身上的沉重枷锁，不会束缚我们，使我们停滞不前。它对我们是有好处的，它就像我们的一位好朋友，能帮助我们摆脱困境，还能帮助我们抓住任何盈利的交易机会。

忍耐

指的是"不受任何事物干扰或困扰的能力"，同样，这与我们的日常认知截然不同。它表明，忍耐不是等待某事发生或者等待某个时刻的到来。当我们对自己的命运感到满足时，我们自然就会忍耐力十足。这并不是说我们"有"忍耐力，而是说我们没有痛苦悲伤。当我们痛苦、焦虑或者内心不安时，我们忍耐的基础就不存在。

就如花费时间一样，忍耐不应该与回报联系在一起。它不是指忍受一段时间后获得回报，真正的忍耐与所需的条件是否存在无关。无论结果如何，我们都要保持耐心，因为有时候出现的情况需要我们一生保持忍耐。

忍耐力测试

我们都有一定程度的忍耐力，但只有经过测试后我们才知道自己的忍耐力程度，市场正是测试这一能力的好地方。如果我们乘地铁时等不了十几分钟或者在排队时等不及前面的女士找零钱，我们又怎么可能为了一笔可盈利的交易等待几周或几个月的时间呢？

在我们用真金白银在市场上做交易之前，我们需要把生活安排得井井有条，因为市场可能会尽一切可能干扰和困扰我们。从这方面来看，市场就如同折扣航空公司，我们携带的行李越少，旅行的费用就越少，我们承受的压力就越小。

实际上，忍耐意味着我们在"避险"期间，即市场环境不利于我们的交易风格时，远离交易账户。我们需要静观其变，等待时机来临。当指标显示形势大好，但我们和市场专家都不这样认为时，我们也需要待在场外。

在急诊科候诊

我们需要经历多次艰难的交易才能意识到忍耐力的重要性。我们是否经常急不可耐地进入交易后才发现，股价在接下来的日子里一直没有发生变化？急切地进入交易就好像把救护车开到事故现场一样，救护车只能把患者拉到急诊室，患者什么时候接受医生诊治还不确定，可能要等好几个小时。

虽然忍耐力对交易者一直很重要，但我认为，它在未来能给交易者带来巨大的优势。年长一些的人总是抱怨年轻人没有定力，但这一代领养老金的人可能是正确的。历史上首次出现了这样的社会：人们期待能立即得到答复、立即得到满意的结果。多亏了谷歌和网络零售商，我们才能做到这一点！在不久的将来，有足够忍耐力的交易者将以前所未有的优势从市场中脱颖而出。

弹竖琴

从股市赚钱有点像靠弹奏竖琴赚钱，要弹好竖琴，你得经过多年的学习和练习，当然，天生有这方面的才能是好事。学习与市场打交道的技巧更难，因为市场在不断地捉弄我们。

要认真对待交易，我们就需要放慢脚步，为交易过程留出时间。交易游戏中最具讽刺意味的一点是，市场是疯狂、愤怒而复杂的，但从交易中获利的人是轻松、稳重和简单的。如果我们能专注地学习和提高我们的技能，那么我们自然会获得回报。要在交易中取得成功，我们就需要有忍耐力，因为市场没有这种能力。

个人忍耐力教练

新手很容易对市场感到沮丧，若任其发展下去，新手会变得愤怒，这

● CHAPTER 8 / 第8章

反过来会导致交易失控，给新手造成损失。忍耐力是化解愤怒的良药，因为它从根本上消解了沮丧感。作为交易者，我们必须时刻锻炼自己的这种能力，锻炼方法有很多种。

一种特别有用的方法是，把市场女主人想象成一名提高个人忍耐力的教练。除了向我们提供生活用度之外，她还负责锻炼我们的忍耐力。最棒的一点是，她待人友善，而且不收费用。她对我们知根知底，知道按下哪个按钮正确，而且不会打退堂鼓。如所有优秀的教练一样，她不断地为我们设计巧妙的练习和测试方法。当交易只是她精心设计的一种练习时，我们要意识到使我们感到愤怒和难过的所有事物。

市场不断向我们提供锻炼耐受力的机会，也为我们提供了获利的工具，我们要意识到这一点。如果我们秉持这样的态度，那么随着时间的流逝，我们不仅会变得非常有忍耐力，而且能从容应对不断出现的挑战。

袖手旁观

袖手旁观是很有效的交易立场，而且是唯一不会让你遭受损失的立场，也是我保护交易账户资金的最佳方法。盈利最丰厚的交易者忍耐力十足，他们会长时间待在场外，等待万事俱备的时刻到来。

无数的交易者因错失恐惧症（FOMO）而在股市即将转向时追涨，他们从专业人士那里接手了股票，当了接盘侠，而专业人士们则顺利离场，在场外等待下一次机会来临。

例如，2018年1月，由于众多散户交易者和投资者担心错过大涨的机会而涌入了股市，导致股价大幅飙升。在此期间，我与之交流过的许多专业交易者都卖出了他们在2017年年末获得的筹码，获利颇丰，这种大规模的风险转移持续了整整一个月。

1月的最后一天似乎出现了调整迹象，股市下跌了11.8%，之后股市于2月9日触底，在此期间，缺乏耐心的业余交易者损失惨重。

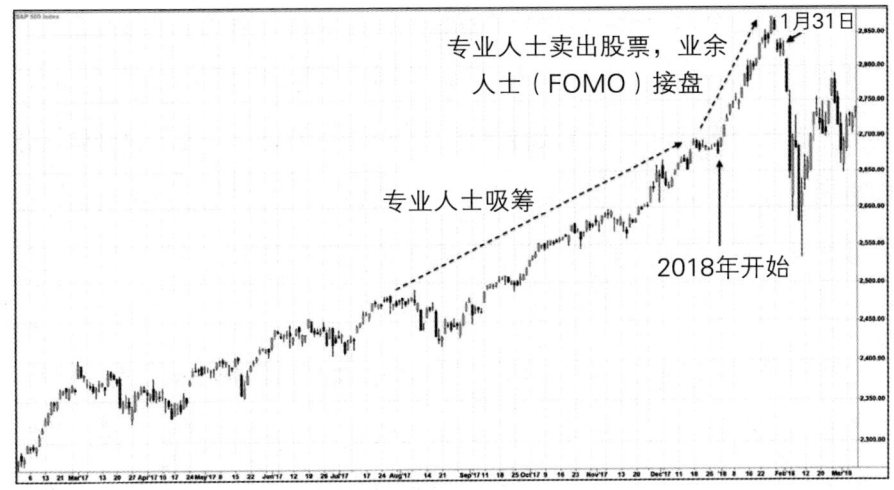

图13　标普500日K线图（2017年3月—2018年3月）

精进

精进的传统定义是"为完成当前的任务不断努力"[①]，而在金融交易中，它的定义是"在有道德、积极和有益健康的事务中找到快乐"。请注意，传统的精进定义强调的是活动，而金融交易中的精进定义强调的是心态。

在交易中保持善良的交易心态很重要。每个认识我的人都知道，我对此一无所知，但我能想象出来，在当今世界保持这种心态很难。任何想做到这一点的人都必定了解其重要性，他们似乎很早就意识到了，精进的关键在于激励。重点是从我们正在做的事情中找到快乐，而不只是不断前行。

除非我们能享受到一项活动的乐趣，否则我们迟早会放弃它。其背后的思想是：如果我们热爱自己的工作，就不会被动地工作。如果我们要在交易中不断努力，就需要找到其中的乐趣。如果我们接连遭受损失，士气

---
① 见网址：www.thefreedictionary.com。

● CHAPTER 8 / 第 8 章

低落，内心无比沮丧，该怎么办呢？

受到鼓舞

我们要意识到哪些因素能鼓舞我们，哪些因素会使我们丧失斗志。我们要确认那些让我们觉得压力重重的事务和能鼓舞我们奋发向上的事务。例如，我在大多数时间里喜欢持有至少一个周交易仓位，因为这样做会让我有始终保持领先的感觉。波动交易可能会在几天内产生相同的利润，但持续的时间不会很长。同样，日内交易可能会获利颇丰，但几个小时之后就结束了。

我们到年底核验账户时，利用三种风格可能斩获同样多的收益，但是，波段和日内交易能在短时间内产生大量的资金，而周趋势跟踪风格产生的是稳定的收益，可谓细水长流。虽然每个月我们从周头寸交易中获得的利润比较少，但我们内心很安宁。

吃素的狮子

我们也可以从大自然中获得启迪。几年前，我姐姐和她丈夫去肯尼亚的马赛马拉（Maasai Mara）旅行。他们回忆起这次冒险经历时说，狮子独自狩猎时，成功的概率不到五分之一，但狮子永远不会放弃，因为狮子就是狮子，它们永远不会质疑自己的狩猎策略。然而，尽管狮子单独捕猎成功的概率不足20%，但它们仍然处于食物链的顶端。

记住，交易是金融服务业的一部分，因此适用于交易的条件也适用于其他事物，包括动物，但我们不能效仿狮子的精进行为，因为我们和狮子之间存在着巨大的差异。狮子必须不断狩猎才能生存，如果它们猎捕不到动物，它们会饿死。当它们越来越饥饿时，它们会攻击更健康、更强大的猎物，它们承担的风险也会增大。我们不需要被迫进行交易，大不了我们食素。

饥不择食的交易

交易可能无聊乏味，尤其是形势不妙时，但我们要弄清楚如何使交易变得有趣。我们要按照既定的策略不断前行并享受其中的乐趣，不能只为了挣钱而交易。如果只为了钱而努力，不享受交易的过程，那么，你有可能在饥不择食的情况下，冒不必要的风险或交易过度。

如果交易者一直把几个点的收益视为自己努力的目标，那么，只要他们愿意，他们一定可以过上体面的生活。当交易者不断追求巨大的收益时，他们可能偶尔会成功，但他们迟早会亏损，这只是时间问题。

正念

布莱斯·帕斯卡（Blaise Pascal）是数学家、物理学家、发明家和哲学家。①他出生于法国，当第一家证券交易所成立已21年时，他还只是一名神童，正在家接受税务员父亲的教育。交易者们把帕斯卡视为**概率论**的先驱，据说他发明了轮盘赌。一个有关他的鲜为人知的事实是，他曾说过："人类所有的问题都源于人无法独自静静地坐在房间里。"

无休止的概念性思考和消遣使我们无法安心静坐，令人难以置信的是，每天我们把大量的时间花在了八卦消息及其诱发的活动上了。当我们从一种想法跳跃到另一种想法、从一个话题跳跃到另一个话题时，我们什么问题都考虑，就是不考虑应该考虑的问题。一位有经验的老师称之为"猴子思维"（monkey mind），因为我们的思维总是从一个主题跳跃到另一个主题，永不停歇。

令人惊讶的是，帕斯卡在近400年前就意识到了这一点。更令人难以置

---

① 彼得·伯恩斯坦（Peter Bernstein），《与天为敌：风险探索传奇》（*Against the Gods: The Remarkable Story of Risk*），威利出版社1998年出版，ISBN-13: 978-0471295631。

信的是，也有人在2000多年前就发现了同样的问题，并提出了多种不同的解决方法。但今天的我们仍然受困于这类问题，用帕斯卡的话说就是："时光荏苒，岁月变更，有些事物依旧如初。"

什么也不做

大多数人都通过不断地参与活动来充实自己的生活，为了让我们的脑子转起来，我们读了多少本书，看了多少部电影？就好像我们害怕安静、害怕独自呆着会发生什么怪事一样。我们觉得自己会变得消沉、无精打采，或者害怕无所事事是在浪费自己的生命。

正念消除了这种误解，它能使我们在不做任何事情的时候心安理得地看待周围的世界。我们是人，不能靠外在行为定义自己的价值。我们应该享受当下，而不是不停地找事做。正念能使我们的心灵处于自然、平和的澄明状态——心灵处于任何其他状态都不自然。[①]

不同程度的正念

我们不应该仅因为正念在新时代流行就对它反感。在过去几个世纪里，它经历过起起落落，几度流行，又几度失宠。事实上，在世界各地的文化中都能看到正念的影子，只不过表现形式有所不同。通常情况下，它与祷告或诵经等精神实践相结合，在巫术和传统舞中也能发现其踪影。在这些活动中，身体部位的运动能吸引人们的注意力。

当我们在给定的时间内有意识地专注于所做的事情时，我们就是在践行一定的正念。当我们从事重要的项目，甚至是参加体育运动时，我们也在发挥正念的作用。

正念分很多层次，有不太正式的修习方法，也有比较正式的修习方法。我们故意把注意力放在一个物体上，这样我们的心会安定下来，进入不分

---

① "万事变化越大，越不会变化"。

神的状态。

传统的做法是通过关注呼吸进入平静状态，因为呼吸的能量与我们的心灵密切相关，而且呼吸始终伴随着我们。当我们能舒适地专注于呼吸时，我们就可以尝试其他事物了，比如声音、视觉或感觉。当我们的修习更加稳定时，就可以把思想和情感作为我们关注的焦点，到那个时候，修习就变得很有趣了！

在修习过程中，最重要的是舒缓心情，专注于我们的修习对象，为此我们要摒弃发散性思维。能意识到自己正承受精神流言的影响，而且能把注意力返回到关注的对象上面，这对修习很重要。通过反复地抛弃执念，我们逐步削弱了关注流言蜚语和"事后思维"的习惯，我们的注意力也不会再受它们的干扰了。

专注于方法而不是期望的结果是正念修习的关键，也是交易中获利的关键！只要我们勤加修习，我们自然能得到想要的结果。正念修习的结果是关注临在（presence）与心态平和，交易的结果是获得利润。新手不一定都能明白这一点，因为正念修习过程与他们追求的结果表面看起来貌似无关联。

正念的好处

近来有大量的科学研究证实了正念的好处，实际上，几千年来修习正念的人早就领略它的好处了。显然，正念不能代替药物，但它可以提高人的专注力，能减少人的压力，缓解人的焦虑。它也能提高我们的人际交往能力，是克制冲动的好方法。最重要的是，它能使我们保持平和、冷静，能促使我们扎扎实实地做我们要做的一切事情。

当我们内心平静时，我们会感到满足，会从内心接受现状，而不是为了在短期内躲避干扰和手头的项目。在千变万化、让人捉摸不透的市场环境中，我们正需要这样的思维方式。

依恋与厌恶

正念的另一个好处是，我们能运用它处理好**依恋感**和**厌恶感**。这意味着我们要放弃恋恋不舍的事物，接受我们厌恶的事物。这一点之所以重要是因为，依恋和厌恶感是我们在生活中遭受苦难的两大根源。一切都在不断变化，或迟或早我们会失去恋恋不舍的一切，同时又会得到我们厌恶的东西。

我们都有依恋和厌恶的人、地方和物品，世界应该是什么样的？我们在其中处于什么地位？对于这些问题，我们也有依恋和厌恶的思想、情感和概念。交易者必须敏锐地意识到这一点，因为对盈利交易的依恋（感觉像是赢家）和对亏损交易的厌恶（感觉像输家）是他们遭受苦难的主要原因。

交易中的正念

如果我们犯了法，就会被送进监狱。如果我们违反了监狱里的规则，就会被单独关押。狱警们以我们具有"猴子思维"、不服管教为由惩罚我们，市场也是如此。当我们运用正念时，"猴子思维"将不复存在，市场对我们的控制也不复存在。

因此，要利用好正念，就需要把它融入到我们的交易中。清晨可在寓所里思考几分钟，当形势不妙时，我们更需要这么做。

作为交易者，当我们坐下来时，不妨来一次正念修习，形式不一定很正式。我们可以从认真地喝一杯茶或输入订单开始，然后逐渐拓展修习。重要的是要开始做，但不必担心做的是对还是错。

以书面文字简单地描述正念可能会引出无数的问题和概念。大多数人都不知道"放下执念"的观念，甚至某些人认为这是幻想。我们很难解释这一点，只能说它只可意会不可言传，只有亲身经历过才能理解，你也试试吧!

三思而后行

当我们进行交易时,我们总是身处潮流浪潮中,"世事难料,人生起伏,趁着高潮勇往直前"。在起伏之中,一切瞬息万变,至关重要的是,我们在输入订单或者做出交易决策时不能分心。进行交易时,我们要像预定重要的航班那样专注和有条不紊。

我们要专心致志,否则我们会付出高昂的代价。我们应当确保没有不必要的中断,不能临时起意,改变原订的计划。如果我们在交易中穿插了其他活动,我们迟早会为之付出代价。

我们可以运用两阶段订单内容输入法解决这个问题,就像木匠所说的,"测量两次,切割一次"。首先,我们创建并输入订单内容,接下来弹出的窗口应当显示订单的主要内容并询问我们是否继续。此时,我们应该三思,然后确认订单内容是否正确。

平静

在交易之前,我们必须刻意保持正念。"八大核查事项"中就包括"自我核查",在这部分内容里,我们先介绍了已有的经验,然后介绍了一种简单的正念修习方法。静坐几分钟并思考我们的想法能够改变我们的情绪和专注水平,效果非常奇妙!

杰西·利弗莫尔(Jesse Livermore)告诉过我们,内心平静使他赚了大钱。他的话给我们吃了颗定心丸,因为正念修习其实就是传统意义上的内心平静。

智慧

智慧将上文中的其他五个概念联系在了一起,使它们如一个整体发挥作用，就像一只手的五个手指。智慧是"完美地识别所有可知事物的能力"。我无法对这一定义做出确切的解释，因为我对现实的本质和心灵的本质（有人告诉我说，这两者是一回事）的理解不够深刻。

基于对它们的有限了解，我产生了一个模糊的认识：大多数情况下，我们不能通过表象了解事物。金融市场是社会的反映，而且我们知道，了解社会不能只看表面，我们就由此开启对智慧的探讨。

不管我们是否有所察觉，我们在生活中所做的一切几乎都是为了追求幸福和避免痛苦。我们把幸福视为一只美丽但难以捉摸的蝴蝶，我们不断地追逐它；我们把痛苦视为一匹紧追着我们不放的恶狼，当我们停止奔跑、坐下来小憩时，我们就会发现，狼的嗥叫要比它的撕咬更可怕，而且它只是在跟蝴蝶嬉戏（并没有撕咬我们）。因此，我们要保持幸福快乐，只需要闪躲到一边，不挡它们的道儿即可。

当我们发觉其他人也在追逐同样的幻象，而且这一过程会在市场上产生重大的经济影响时，我们就会觉得这样做太不可思议了！

不满和交易

为了保持资本主义社会的运转，人们必须投入大量的时间和金钱来逐蝶避狼。不满是驱动消费社会前进的引擎，为了使社会保持运转，我们必须继续购买东西。

自从人类能够思考以来，许多传统和文化的智慧大师及哲学家就一直告诉我们，我们想要的所有幸福都已存在于我们自身了，我们不必再获得大量的身外之物或者做"了不起的事情"了，比如爬山、跑马拉松或者建立商业帝国。

尽管如此（或者也许正因为如此），每年商家都会投入数十亿美元的资金做广告，这使我们的不满足感得以长期维持。当我们带着不满进入市场时，它对我们的账户余额将产生深远的负面影响。

交易不是另一种人生规划

除了不断地买入我们不需要的垃圾外，我们还会改变人生规划。交易不应当只是另一种规划，因为交易不会使我们幸福。如果交易是规划的话，随着我们挫败感和困惑的加剧，幸福感将变得更加难以琢磨，所以，我们绝不能把交易视为幸福的代名词。

我们不应在市场上追逐不可靠的财富，而应该力争获得可观的资本回报，并且当获得了足够的回报时要感到满足，要像帕斯卡一样说出"够了"二字！

因此，我们需要弄清楚我们做交易的原因。我认识许多腰缠万贯、不需要再赚钱的交易者，但他们仍然在做交易。他们每天要做一些事情，要有一个清早让他们起床的理由。管理交易账户要比修复一辆老爷车容易得多，这些交易者很清楚自己为什么进入市场，你呢？

大师市场

"大师"是另一个源于梵语的词，意思是"老师或导师"。在当代英语中，它含有轻微的贬义，通常指骗子或自诩为专家的人。市场上的大师有很多，他们之间的争论也非常多，大多数听听便罢，不可尽信。专业的交易者发现，这些大师极具娱乐性，他们通常不会在意这些大师的观点。

我们不需要市场专家做解释，因为市场本身就是我们遇到的最出色的老师。除了我们自己的身体，我们想不到能体现相互依存性和倏忽无常性的更好的例子，对这两方面的理解是市场智慧的核心。

相互依存性意味着一切事物，包括每个人，都是相互联系、相互依赖的，不存在单独的"个体"。我们能看到，世界上某个地方的公告能够影响另一个地方的股价。在市场上，没有任何事物是处于真空的，事物都是相互联

● CHAPTER 8 / 第8章

系的。股票、商品或货币的变化互相影响，互为因果，相互依存性推动了市场的变化。

无常性更是难以理解，因为它通常与死亡挂钩，这是现代社会的终极禁忌。没有人愿意谈论死亡，这样做很不吉利，就好像在邀请死神介入我们的生活似的。对死亡的思索迫使我们思考我们所做的一切事情的意义，也动摇了我们赖以生存的大多数支柱的根基。

更重要的是，它提出了这一问题：死后我们的哪个部分（如果有的话）将继续存在，它现在在哪里，我们出生之前它又在哪里？一直让我感到不可思议的是，成年后我们把大部分时间都用来积攒我们可能永远都用不上的养老金了，但我们却很少关注死后永生的问题。这是风险评估的重大失误，尤其是对自诩务实的交易者而言。

变化

无常不仅与死亡有关，而且与变化有关。没有变化，就不会有交易。交易者寻找起点和终点——波动性和走势变化。市场的无常性是我们谋生的基础，事关市场上持续的生死轮回。

新的趋势要形成，上一个趋势就必须结束，熊市消退之后牛市才会出现。企业带着IPO在市场上出现，当它们破产或者被收购时便会死亡。交易者是市场的助产士和承销商，交易所不断上演的生死大剧便是他们工作的结果。

太空里的苏格拉底

流行文化总是把智慧与某些人物形象联系在一起，比如《星球大战》（*Star Wars*）中的小绿人或者是身受重伤后在山顶的寺庙中"找到自我"并向敌人复仇的战士，智慧也被视为老年人具有的优势。但是，如果有选择的话，我们大多数人都想做年轻人，而不是了解万事万物。

智慧不是自作聪明，否则我们就会认为自己一直是正确的。智慧指的是，尽力了解自己和他人以及与周围世界的关系。

我认为我们不需要以尖突的耳朵或冻伤的脚趾来证实我们的智慧，只要我们不断地从错误中汲取教训，我们就能变成智慧的人。

根据古希腊哲学家苏格拉底的说法，智者会本能地过简单的生活。要在市场上取得成功，我们需要简单的智慧，不需要智商超高，不需要聪明过人，因为无论我们从哪里开始，成功的交易最终都会回归简单质朴。

结论

在市场上，给交易者带来优势的不是什么突破思维定势或者流行的系统，事实上，成功的交易甚至没什么秘诀可言。我们需要做的只是抱着平静的心态开立账户，严格遵循交易策略，保持耐心，努力奋进，专心致志，保持简单。这就是交易之道。

第9章

七大记录：交易者应保存的记录

不可靠的人就像躲避瘟疫一样躲避记录，他们当面开展所有的业务，从不留下任何书面记录，因为他们知道，他们日后会矢口否认这些事实。当交易者没有保存正确的记录时，他们唯一欺骗的人是他们自己。

所有的交易者都应当保存以下七个方面的记录。

交易日记

个人参与公共活动的经历

你是否参加过大型的公共活动，并于当晚观看了相关的电视报道？你可能会有完全不同的感觉，因为官方的报道不会反映你的个人体验。这就出现了一个问题，因为对交易者而言，市场事件都与个人体验有关。

对市场的技术和基本面分析就是过去的"电视史"。柱形、线形和移动平均线反映不了我们的体验，它们反映的是市场的轨迹。图表中三四根长长的绿色蜡烛永远无法反映出当资金流入我们的账户时，我们感受到的喜悦；图表最左侧的五根红色柱子可能是反映我们的账户被注销的那一周的交易情况的唯一历史证据。

统计数字和图表远不能反映推动市场变化的强烈的情感力量，我们都

● CHAPTER 9 / 第9章

体验过这样的情感,但很少有人能把它们记录下来。因此,我们应该在交易时写日记,这样我们就创建了自己的历史记录,在阅读官方发布的记录资料时,我们可以参考这些记录。

我们在日记中记录多少内容以及什么时候做记录由个人决定。记录的目的是捕捉对我们有影响但图表中没有反映的因素,如果我们不确定要记录什么,我们应当力求稳妥,记录下所有相关内容,写日记也能迫使我们锻炼战略和逻辑思维。

真实的记录

重要的是,我们面对真实的自己,要真实地记录下一切。除非我们自己要展示出来,否则别人不会看到日记的内容,所以我们没有任何理由退缩。如果我们觉得自己的行为令人尴尬,不想记录下来,那么这是一个很好的信号,意味着我们知道自己做错了什么,不觉得尴尬的人是不会从错误中汲取教训的。

交易的好坏不是问题,它们背后的思维和动机才是我们要重视的。由于我们在日记里记录了市场中发生的事件以及我们对事件的反应,因此我们从两个角度审视了历史。

从我第一次写个人交易日记时起,它就成了内容丰富的档案。我认真地记录下了一切,截取图表,复制黏贴文章,并对每个市场事件提出了自己的看法。就像闭路电视摄像机对准了停车场一样,即使没有什么大事发生,我也忠实地记录下了一切。有做记录的热情是一个健康的信号,我们不应当遏制它。一段时间后,我们将学会记录重要的内容,过滤掉杂音,但我们需要保持热情。

年终回顾

到了12月，我们应当对一年的交易活动进行年终回顾，可为这项任务预留出一两天的时间。我们应当拿出交易日记和日志，查看当年的高点和低点、犯过的错误，反思从交易中得到的教训。经过一番分析后，我们应当总结出教训，在最后一页中列出要点。

在下一年中，我们应当回顾这些要点（以及前几年的要点），看看我们是否有所改进。这是个人交易日记的一大优点，我们这是在与过去的自己对话，是在从过去的艰难经历中学习，这样我们就不会重蹈覆辙了。实际上，本书就是我根据最初几年总结的要点写就的。

学习笔记

我们上课或参加研讨会时，要把所有内容都记录下来。如今，学习资料大多以软件的形式分发，方便且成本低。但软件拷贝有一个致命的缺陷，眼睛看不到的东西往往会被遗忘。我强烈建议大家不要怕麻烦，把笔记打印出来，保存在资料夹中，内含插页袋的资料夹是理想的选择。

在一年当中，我们要定期复习学习笔记内容，尤其是当我们在场外等待交易时机时。浏览纸质表格内容时，你的视线离开了屏幕，因此你也可以借机休息一下。我们应当一直研究特定的交易主题，直到理解透彻它为止。

我们积累的经验越丰富，就会越发领悟和理解我们在早期接受的培训。当我们复习笔记内容时，就会对初涉交易时接触的市场概念和建议产生新的见解。

八大核查事项

即我们每天在交易前都要核查的事项，它能使我们快速地了解市场事件，确认我们在交易之前应掌握的有关自己和账户的信息，由于它们极为重要，我们将在第四章详细讨论它们。

交易日志

交易错误包括两个方面，一个是犯错误，一个是不从错误中吸取教训。即使交易是盈利的，倘若我们不知道自己何以盈利，那么我们又如何再次取得成功呢？每一笔交易的记录被称为"成交单"或"交易单"，要把它们记录在"交易日志"中。叫什么名字无关交易，重要的是我们要为每笔交易保留单独的记录，还要保存对它们的详细分析。

我们要记录下我们进入交易的原因，包括相关图表的截图，还要记录下退出交易的原因及相关图表的截图，这些记录都很重要，它们再现了图表上的事实以及我们的看法和解释。

我们可以运用能链接到图像文件的电子表格创建自己的交易日志。可以用行记录单独的交易，用列在下面记录提到的所有项目。但是，为了能最大限度地利用交易记录，我们应当深入地分析它们。我们要深入探究数据，计算特定交易的风险或回报情况以及策略的成功率。

为此，我们可对电子表格中的列数据进行排序或筛选，或者我们可以使用具有这类功能的特殊软件或在线交易日志。

每份交易单的记录至少应包含下列方面：

- **日期和时间**：除了创建序时记录外，这一条记录还应当表明，我们是在特定的时间进行交易而不是在等待策略触发。例如，我们是在每周一早晨还是在每周三中午开启交易处理？
- **账户**：我们可能针对不同的市场、货币或策略开立了单独的账户。一些经纪人可能在某些市场上提供了更大幅度的佣金折扣，或者在某些市场上更容易做空股票。
- **策略**：我们要在此项注明最有效的交易策略。我们的账户余额在一段时间里可能大幅增加或减少，因此我们要知道这样的结果是否与市场形势或特定的策略有关。
- **市场**：正在交易的市场的详细信息。
- **股票代号或代码**：记录下股票代号或代码即可。一段时间后，由于反复交易，我们会熟记许多股票的代码。
- **方向**：我们需要区分做多和做空交易。例如，我们可能认为，这两类交易当年的收益率大致相同，但我们的分析表明，做空交易的收益是做多交易的两倍。
- **想法的来源**：记录下我们交易想法的来源，也许是我们浏览的内容或者某个指标促使我们进入了交易。通过记录我们交易想法的来源，我们能找出最盈利的思想源泉，日后可多加利用。
- **设置**：简单解释我们进行交易的原因，不需要详细的描述，因为设置应与上述的策略相关。可根据需要的指标的数量评估设置的优劣，因此这里记录的内容可能非常简单，比如"2号波动交易策略：90%"。诸如"我认为ABC股看起来很好"或者"XYZ设置得很好"这样的评论是无效的。
- **盈余公告日期**：记录盈余公告日期，并在交易日历中设置提醒。我们交易的时间范围越短，盈余公告就越重要。如果我们建立仓位后，要一直持仓到下一个盈余公告日，那么我们此刻就需要明确到时候将如何处理仓位。现在就是做出决定的时间了，不能再等下去了。

我们现在已经记录了交易的背景，接下来我们要记录具体的数字了。我们要根据当天的风险情况、建议的入场价和保护性止损价的位置（将在

● CHAPTER 9 / 第9章

下一章详述）计算出持仓规模。

如果获得的部分利润导致我们某笔交易的持仓规模不断增加，那么我们就需要在增加的列中计算交易的整体损益。一些在线日志包含这类工具，可为我们计算这些数据，但最重要的是进行计算。

- **数量**：此处记录交易股票的数量和持仓规模。
- **买入和卖出价格**：建议的买入和卖出价格，稍后替换为实际的数据或者两种数据均记录。
- **买入图表**：进入或关闭交易时，保留交易图表有助于日后核查。Windows10内置的应用程序可以拍摄屏幕上显示的内容，点击"开始"按钮，键入"截图工具"后，你就可以启动该程序。在Mac电脑上，按Shift+cmd+4键后十字光标会弹出，移动它可以截取屏幕图像。我们应该打开截取的图像，突出显示促成交易的指标，保存该图像并把它链接到交易单。
- **交易注释**：这些注释强调了我们进入交易时感兴趣的因素。随着交易的进行，我们应该更新注释。例如，当我们上调止损价或者获得部分利润时，我们要注明。最后，我们还可以记录退出交易的原因以及退出时使用的订单。
- **退出图表**：同样，退出交易时应该截取图像并保存。空间有限时，可截取我们抛售最后一部分股票时的图表。这些图像要能提供足够的信息，这样专业的交易者一看便知你的交易计划。
- **跟进日期**：设置一个日期，提醒自己回过头来审视股票。该日期可能在几天、几周或几个月后，具体看交易的时间范围。这可能是我们交易记录中最重要的内容，它在两个不同的方面使我们受益。

（1）退出交易后，我们仍需要密切关注股票，因为它可能在不久之后提供交易良机。我们每天都在寻找可以交易的对象，我们首先要考察的就应该是我们之前交易过的股票。不断地审视我们最近关闭的交易，从中发现新的机会，这是交易者能做的最有利的事情之一。

除此之外，我们已经研究和筛选过了这些股票（后面会详细介绍），并为它们设置了盈余提醒。如果它们昨天或上周提供了交易良机，那么不久之后它们可能提供更盈利的机会。

（2）进行年终回顾时，我们会发现跟进交易的第二个好处。仅知道我们是盈是亏还不够，我们还要知道哪些交易盈利，哪些交易亏损。当我们按策略、方向和获利能力对已平仓的交易进行分类时，就可以获得一些非常有趣的见解。但是，在创建交易单时，我们应该记住这一点："输入的数据是垃圾，输出的数据也是垃圾。"我们要保持信息的简洁性和相关性，以便日后分析时更方便、更轻松。

我们不应当孤立地分析每笔交易，而是应当以10笔或20笔交易为一组进行分析。这样，单笔交易的分析结果（以及我们与交易的情感联系）几乎无关紧要，重要的是我们要严格遵循既定的交易策略。

我们的净资产曲线

所有交易者都应该用电子表格的形式记录下每个月的账户余额，并把这些数字绘制在图中，这样我们就会得到一条资产曲线，它是所有交易导致的结果。如果我们的净资产没有增加，那么我们的交易就是在浪费时间。

随着月份的增加，这条曲线应该向右上方攀升，最糟糕的情况下，它也应该是平坦的。如果它向右下方倾斜，那么我们应当停止交易。如果我们不能或者不愿绘制该图，那么这说明我们可能抱着赌徒的心态，此时应避开金融市场。

● CHAPTER 9 / 第 9 章

　　如果交易者把账户里的资金都败光了，当他财务状况改善时，他想重新开始交易，那么他应该从此前账户资金清零的那一刻开始继续绘制资产曲线，也就是说，通过调整新的账户余额来反映现金存款。

　　电子表格的第一列应该是日期数据，第二列是期末账户余额数据。我们以日期为横轴，以账户余额为纵轴绘制曲线图。当我们存入或提取资金时，账户余额会有变化，那么我们还应该增加一列，即"调整后余额"数据。如果我们持有的账户里的余额是其他货币，就可以增加另一列数据，即"基础货币余额"，这样可以剔除汇率变化的影响。

　　除了资产曲线的方向外，我们还要注意其形态。当我们交易的资本源于其他人时，平滑的上升曲线是最受青睐的。凹凸不平的资产曲线表示利润大起大落，这会让投资者感到紧张。诚然，曲线的总体趋势是上涨的，但人们更喜欢平滑的曲线，特别是当投资的钱源自他们时，确实是如此！

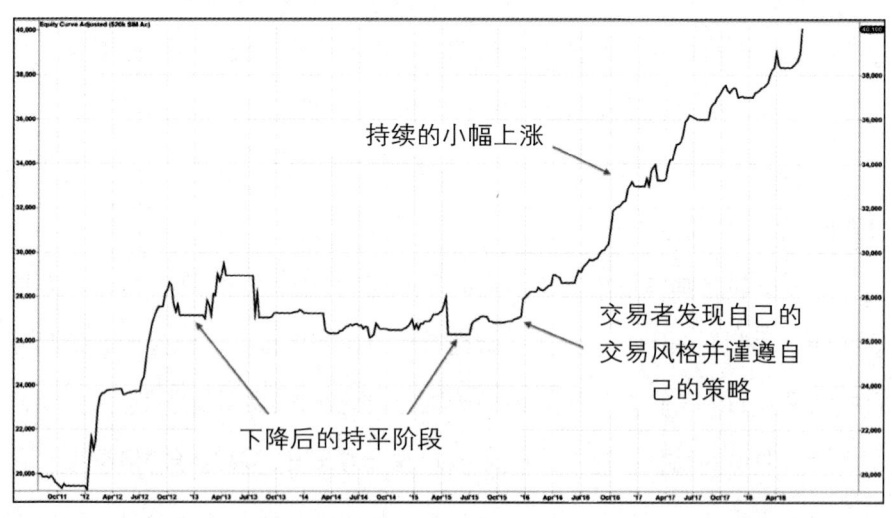

图14　（假想的）2万美元账户净资产额平滑的上升曲线

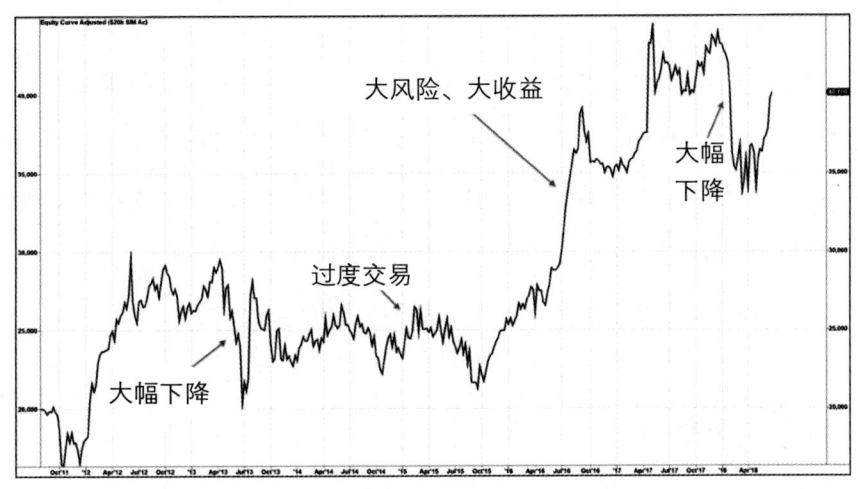

图15　同一假想账户净资产额凹凸不平的曲线

在图14和图15所示的资产曲线中，两位交易者都是获利的，但图14的曲线更能使投资者感到安心，因为这位交易者承担的风险较小，而且经常持有现金。

可以通过保持交易的风险恒定以及扩大盈利头寸的规模获得平稳上升的资产曲线。当我们满仓交易并一直持仓到交易结束时，我们的资产曲线会突然跳涨。我们也承担着交易变得对我们不利、损失所有利润的风险。如果我们能在交易推进的过程中收获部分利润，那么我们不仅能降低风险，而且会获得稳定的收益，这样我们就能得到平滑的资产曲线，安抚投资者的心态。

如果我们把资金交由基金经理管理，那么我们应当以他们在月度报表中提供的数据绘制资产曲线并衡量其绩效。根据具体的投资情况，我们可以在图表中增加适当的指数或基准，这样不仅可以跟踪投资进展情况，而且我们下次见到基金经理时，还可与他们进行一番有趣的讨论。

交易策略

当我们做交易时，我们的任务不是赚钱，而是**遵循既定的策略**。我们的任务陈述是这样的：当我们写下交易策略时，我们可以把它交给另一位交易者看，他不需要听我们的解释就能马上运用该策略。成文的策略清楚地列明了我们在做什么，我们为什么这么做以及何时这么做。

成文的策略至少应包含下文中写的这些关键要素。

策略名称和策略的修订

每个策略的名称都应能引起我们的共鸣，这样我们才能执行好它们，比如"日波动策略1号"或"趋势跟踪策略A"。我个人喜欢的是能反映策略背后的理念，总结了实施该策略需要做什么的名称。

我们还应该制定控制修订策略的方法，运用该方法可以跟踪策略敲定以后交易者对它的修订。我发现，像新版软件发布时那样，对策略的各版修订进行编号排序是非常有益的做法，用第一个数字表示重大的修改，第二个数字表示较小的调整，比如，潮汐策略1.3。对修订的控制也提醒我们，我们不应当轻率地更改我们的策略。

一般性交易规则

这些规则适用于所有策略，因此可把它们列示在文档顶部以示提醒。具体包括：

- 持仓量四舍五入至最近的50的倍数；
- 不要将止损点调整到接近成交价的位置；
- 不要在周一早上交易；
- 保持恒定的头寸规模；

- 只交易筛选过的股票；
- 按照5大风险限额管控风险。

资源/浏览

在此标题下说明我们是如何找到适合既定策略的交易的，可能我们在一次特殊的浏览中或者在另一个可用的资源中发现了过去盈利的交易。

指标

在这一部分，我们要列出运用这一策略交易需要参考的指标以及需要完成的设置。

进入和退出标准

我们要说明进入交易需具备的条件，在交易推进的过程中我们要注意什么，出现哪些迹象时我们要退出交易。

评论

最后，我们可以记录从过去运用该策略的交易中得到的观察和见解，比如"这一策略在市场中运用修正后效果最佳"或者"当75%的股票的交易价格高于其50日移动平均线时，请勿运用这一策略"。

手工整理的数据

我们在"五个阶段：成功的交易者具备的属性"这一章的盘后数据部分已谈及了这一点，我在这里称其为"手工整理的数据"是因为，我们要努力搜集这些数据，而不是让交易平台提供现成的。它们可能是有关市场或个股的盘后数据，也可能是宏观经济统计数据或反映公司基本面的数据。

　　随着时间的推移，这类记录会慢慢增多，因此应该以易于分析或易于绘制图表的格式存储它们。可能只有我们搜集了这些数据，因此最好保存三份：一份保存在计算机的硬盘里，并把它同步保存在云盘中；另一份保存在移动硬盘或第三方备份设备中；最后，为保险起见，我们每周应当把最重要的数据文档发送至自己的电子信箱。

第10章

八大核查事项：全面的交易前核查

在对自己和市场进行充分的剖析之前，绝不应该进入交易，尤其是当我们已经离场了一段时间时。当我们为未来的交易做准备时，交易前的核查清单是可利用的最佳工具。它不仅能使我们熟悉最新的情况，还能使我们保持良好的心态。

核查清单的项目要全面，不能落下任何重要的内容，同时结构要紧凑，以便我们相对快速地完成核查。核查清单越简洁，我们就越有可能使用它。

每个人都需要根据交易的市场和自己的个性来确定核查清单。我们至少要能利用清单核查自己、市场以及我们当前的财务状况。如果我们通常只交易一对货币或一种工具，那么清单会比较简单。当我们在多个市场上进行交易时，清单的内容将会非常多，我们可能不愿意每天进行核查，这本身就是个警示信号。

背景介绍

2014年3月，亚历山大·埃尔德博士在荷兰的一个研讨会上分享了他的核查清单，他结构化、系统化的交易方法反映了他医学博士和精神科医生的背景。我发现他设计的自我分析方法特别管用，我们交易的市场类似，

● CHAPTER 10 / 第 10 章

因此在征得他同意后，我以他的格式为基础设计出了我的核查清单。

表格的左侧显示了**八大核查事项**的名称，我们将核查结果填入右侧各列中。随着时间的推移，我们会在右侧加入新列并输入分析结果。这样我们不仅可以掌握当天的核查结果，而且可以一目了然地看出分析结果随时间的变化。

更重要的是，当我们完成核查表时，对个人与市场的分析同时得到了记录。当市场突然发生变化时，这样的记录非常有参考价值。我们可以查阅完成的分析，看看是否能从中发现某些事件即将发生的蛛丝马迹。如果我们确实有相应的发现，那么我们接下来就知道该怎么做了。如果一无所获，那么我们就需要查看其他方面的信息源。

随着交易日和电子表格内容的增加，我们可以从这些数据中确认出股价趋势，仅靠单个数字是做不到这一点的。如果图表平台允许我们导入第三方数据，那么我们可以从清单中导入数据并将其覆盖在交易图表上。通过这种方式，我们可以创建只供自己使用的技术指标。

随着时间的流逝，我们会根据自身经历和市场的变化调整清单内容。下面列示的清单适用于美国股票，我每天早晨都会核查它。这张表格上的项目看起来多种多样，但我们可以在很短的时间内完成它。在表格中，每个事项占一行，但各个事项又细分为几个子项。子项的数量随市场的变化而变化，但八大事项不变，这也是"八大核查事项"标题的由来。

周日历和公历日历

前两行不属于任何事项，我们在这两行中输入周日历和公历日历。我们输入完整的日期是为了提醒自己，周一和周五非常重要。周一开市时，每个人都跃跃欲试，而周五是结算和评估的日子。我们可能还想用一个指

日期	周五 2018.10.19	周四 2018.10.18	周三 2018.10.17	周二 2018.10.16	周一 2018.10.15	周五 2018.10.12	周四 2018.10.11	周三 2018.10.10	周二 2018.10.9	周一 2018.10.8
1.自我										
正念修习	15分钟	11分钟	15分钟	8分钟	10分钟	—	8分钟	5分钟	12分钟	10分钟
体验	忙碌、回测	忙碌、未建新仓	交易反弹	预期反弹	警报、放松	—	忙碌、旅行	大赚	保持耐心	忙碌
2.宏观情况										
经济日历1	现有住房销售	就业	联邦公开市场委员会、新屋开工率	工业生产	零售业 8：30	—	CPI、就业、EIA	PPI、FD	无	
经济日历2	CN、GDP	同上	EIA报告	收益率&IP	同上	—	同上	同上	无	
3.市场										
亚太	表现不一 −0.56/2.58%	下跌 −0.80/-2.94%	上涨 0.06/1.29%	表现不一 −0.85/1.25%	下跌 −1.49/-1.87%	横盘	下跌 −5.2/-3.89%	上涨 0.21/0.16%	上涨 0.15/0.18%	日本闭市
欧洲	上涨 0.15/0.56%	下跌 −0.12/0.23%	下跌 −0.10%	表现不一 −0.16/0.30%	上涨 0.17/0.40%	—	下跌 −1.47/-1.94%	下跌 1.27/-2.21%	上涨 0.05/0.25%	下跌
黄金	1230.80	1226.10	1230.20	1230.60	1223.70	—	1197.50	1193.60	1193.40	
石油期货（WTI）	69.20	68.97	71.58	71.88	72.24	—	72.68	74.75	74.28	
欧元/美元汇率	1.147	1.149	1.156	1.159	1.160	—	1.151	1.149	1.152	
10年期美国国债	118'01.5	117'28.5	118'03.5	118'03.0	118'08.5	—	117'24.0	117'26.0	117'22.5	
10年期美国国债收益率	31.75	31.98	31.56	31.63	31.41	—	32.25	32.08	32.25	
标准普尔500指数 &ATR位置	2769−2ATR	2809−1ATR	2810−1ATR	2751−3ATR	2767−3 ATR	—	2785−3.5ATR	2880−1ATR	2884−1ATR	
纳斯达克指数 &ATR位置	7485−2ATR	7642−1ATR	7645−1ATR	7431−3ATR	7497−2.5 ATR	—	7422−4ATR	7738−2ATR	7736−2ATR	
罗素2000指数 &ATR位置	1561−3ATR	1589−1.5ATR	1597−1.5ATR	1553−4ATR	1546−5 ATR	—	1575−4.5ATR	1621−3ATR	1629−3ATR	

续图

	周五	周四	周三	周二	周一	周五	周四	周三	周二	周一
位于50双重指数移动均线之上的美国股票占比	17.86	23.61	21.61	16.56	15.81	—	18.35	26.81	28.13	
综合贡献率（一周加总）	-50.97	-71.85	-88.80	-92.69	-96.11	—	-64.76	-48.42	-49.76	
综合贡献率	-10.48	-4.04	-3.99	-9.86	-22.59	—	-20.99	-8.08	-13.08	
波动幅度（VIX）	19.43	18.02	17.85	20.40	21.97	—	22.96	15.95	15.69	
4.方法										
潮汐策略	运用中	运用中	运用中	运用中	运用中	—	运用中	运用中	运用中	
助涨策略	逐险	逐险	逐险	避险	避险	—	避险	避险	避险	
助跌策略	避险	避险	避险	避险	避险	—	避险	逐险	逐险	
5.资金										
当月月初余额	50000	50000	50000	50000	50000	—	50000	50000	50000	
当前账户余额	51102	51882	52003	51984	52081	—	52131	51783	51226	
月度收益或损失（%）	2.20	3.76	4.01	3.97	4.16	—	4.26	3.57	2.45	
当前的敞口	672	1089	1352	602	602	—	689	728	787	
可利用的敞口	2328	1911	1648	2398	2398	—	2311	2272	2213	
每笔交易的风险（1.5%）	767	778	780	780	781	—	782	777	768	
现金余额	28651	28651	28651	38305	38305	—	18023	18023	18023	
保证金余额	102204	103764	104006	103968	104162	—	104262	103566	102452	
6.备忘录										
盈亏提醒	AAPL、JNJ、ADP、AET	AAPL、JNJ、ADP、AET	AAPL、JNJ、ADP、AET	AAPL、JNJ、ADP、AET	AAPL、JNJ、ADP、AET	—	AAPL、JNJ、ADP、AET	AAPL、JNJ、ADP、AET	AAPL、JNJ、ADP、AET	
所有订单是否有效	是	是	是	是	是	—	是	是	是	
7.导师和伙伴										
	导师	导师	导师	导师	导师	—	导师	导师	导师	

图16 八大核查事项清单样例：以投资美国股票的50000美元账户为例

标反映市场在一周内不同日期的表现，因此单列出"周日期"以备将来使用。

记录公历日期能提醒我们月底或公共假期、收入季节是否即将来临。如果我们在海外市场进行交易，则还需要考虑时令的转换。例如，欧洲目前是在3月的最后一个周日和10月的最后一个周日转换时令，而美国是在3月的第二个周日和11月的第一个周日进行转换，①我们应当在交易日历中设置有关时令转换的提醒。

自我

首先把注意力转向内部，因此我进行了大约5分钟的正念修习。此外，在停止之前所做的事项后，我们还需要休息一下，以便更好地完成之后的交易活动。

正念不只是一种集中注意力的修习，它还是一种意识状态，因此我们接下来可回顾一下我们的**体验**，埃尔德博士建议我们考虑身体状况、前一天的交易、心情以及第二天的事项安排等。此时，我们要特别注意我们对建仓的忧虑程度，而且，当我们感到不适时，我们要减少处于风险中的资金额。

宏观经济情况

接下来我们要审视核对即将出现的可能推动市场发生变化的大事件的日期。我们把这部分内容排得这么靠前是因为，当备受期待的利率公告或重要的OPEC会议召开这类事件发生时，我们当天可能不进行交易。

许多网站免费提供整理好的**宏观经济事件日历**，但我们需要确保信息

---

① 许多国家都实行夏时令，但目前有一些国家已经终止或打算终止这种时令。俄罗斯和白俄罗斯已于2014年终止实行，欧盟计划在2019年终止实行。

准确无误,并且信息涵盖了我们所交易的市场的方方面面。为此,我总是会核验两个独立的网站。信息的提供者通常已经评估了事件的影响,不同的信息提供者可能对同一事件做出不同的评估。这一事实提醒我们,没有人能确切地知道市场会对事件做出何种反应。

预先确定的事件永远不会让我们措手不及,当我们发现今天是自己的生日时,我们不会感到惊讶,同样,我们也不会被市场日历所吸引。我们没有任何理由感到惊讶,因为推动市场变化的事件会定期发生,而且事件发生后,市场上可能一片混乱。之所以出现这样的结果是因为,当宏观事件的影响波及一切事物时,处于休眠状态达数月之久的止损单突然暴露在了市场的强光照射下。

交易公司会采用新技术使员工跟市场日历合拍。一些公司围绕宏观经济事件展开了友好的竞猜,每个人都猜测即将公布的数字会是多少并解释原因。竞猜获胜者得到了象征性的奖励,一些人得到了在茶水间吹嘘的资本,这也是衡量交易者共识水平的有益方法。

如果我们在海外市场有交易,那么就要注意一下这些市场的节假日,它们的节假日与我们的不尽相同。每个交易年年初,我们应当查看一下所交易的国外市场的公共节假日,并设置相应的提醒。

经济及技术指标

不像短跑运动员蹬离固定的起跑器,最初的交易日期并不固定。情绪会从一个金融中心传递到另一个金融中心,就像接力赛跑者移交接力棒一样。当我们走到交易台前时,我们就步入了不断变化、高度竞争的复杂环境。为此,我们要做好准备。

我们将在这一部分研究与我们交易的市场和工具有关的经济及技术指

标。显然，核查的事项因我们青睐的市场不同而有所不同，但我们要确保核查的全面性，这就需要核查市场指数和趋势、一些市场内部指标和我们信得过的少数单项指标。

例如，在美国市场交易时，我们首先可能会核查**其他国际指数、货币对、贵金属、石油、美国10年期债券、利率和波动幅度等指标，然后我们核查特定月份、周或日的标普500（SPX）指数、纳斯达克（IXIC）指数和罗素2000（RUT）指数**。

接下来我们可能核查经济部门的状况，我使用的是SPDR ETFs，我可以一目了然地看到它们相对于其他基金的表现。我还会记录下主要和次要的支撑位及压力位，并核查上述每个指数的期货情况，以了解市场可能的变化。最后，我会参考HELP指标和其他市场内部指标，我们将在"**策略**"中对它们进行更为详细的分析。

操作方法

在核查了市场之后，我们要决定如何操作（如果有的话）。在这一部分，我们列出了最喜欢的策略，确定了每种策略是处于"逐险"还是"避险"模式，这意味着我们当天可能交易，也可能不交易，或者意味着我们是否有未平仓的交易。然后，我们将各行上色。绿色意味着我们当天可以运用该策略进行交易，橙色表示今天不运用该策略进行交易，但很快可能会运用，红色表示不交易。如果我们看到的是红色或橙色，这意味着我们当天要做一些文书工作，进行分析和研究，不做交易。

如果我们是在一个市场指数下涂色，那么颜色应当与市场的波动和趋势相符，否则说明我们的方法是错误的。

CHAPTER 10 / 第 10 章

风险管理规则

我们要严格遵守风险管理规则，因为我们要对账户中的现金负责。这部分共有8行，第一行记录我们当月月初账户余额，也是上一个月最后一天的余额，是我们当月的基准值。我们要特别注意这部分的内容。

接下来一行是当前账户余额，包括所有未平仓合约的现值和现金余额。如果我们交易的是股票，开盘前就能确定输入的数值。如果我们交易的是期货或外汇，那么数值是变化的，因此我们必须选择一个适当的数值。

第三行是月度收益/损失百分比。我们应当在此嵌入一个公式，计算自月初以来余额上涨或下跌的百分比，就可从中一眼看出每月的损失幅度是否接近了6%的临界点。

接下来我们核查当前市场的敞口，敞口是我们持有头寸的当前价格与保护性止损价之间的现金差额和股票数量的乘积，我们要把当前所有持仓的敞口加总。如果当天我们的保护性止损单被触发，那么这个数字就是我们的股票将下跌的最低值。

下一行是可利用的敞口，指的是我们今天可承担的额外风险（如果有的话）。在任何给定的时间，我们在市场上承担的风险都不应该使我们的损失超过当月月初账户余额的6%。

下一行是我们当天拟建新仓的交易风险，以现金计算，这一数字不应该超过我们当前账户余额的2%。我们以当前的账户余额而不是以月初余额为基础计算是因为我们考虑了持续的损益。

接下来一行是账户里的现金余额，这些数字能够确认我们是否有建新仓的资金或近来是否有平仓的交易。最后一行为保证金余额，代表的是经纪人可向我们提供的贷款额度。

交易备忘录

这一部分有两行。

（1）第一行是为我们所有未平仓的头寸设置的**收益**提醒。运用**八大事项核查清单**一段时间后，所有的警示都会在一年的同一时间被激活，这有助于我们的大脑与收益季节保持同步。

（2）接下来，我们要确认**未结订单**（open orders）是否仍然有效，而且在市场开盘之前经纪人是否已经收到了它们。有时我们的交易平台会崩溃，订单会"不见了"。一个常见的错误是将保护性止损单设置为"日内"订单，当我们想使用"取消前有效"（GTC）的订单时，这样的设置会使保护性止损单在收盘时失效。

交易导师和伙伴

有时候，我们会参考我们重视的其他交易者的意见。每一种交易风格都体现了一种看待市场的独特方式，通过咨询交易风格与我们相同的专业人士，我们能获知新的见解。我们可能同意也可能不同意他们的分析，但这不重要，重要的是我们要通过这种途径确认可能被我们忽略的机会。

当我们听到其他人最近的交易经历时，我们就得到了非正式的市场内部指标信息。当市场上涨但优秀的交易者没有发现交易良机时，这说明某些地方肯定不对劲。

基金经理每月以电子邮件的方式向客户发送时事通讯，里面包含了他们根据基本面分析得出的对市场的看法。关于这一项，我不由得想起了几位基金经理对当前市场的看法，我向来尊重他们的分析，因此我会结合从其他交易者那里听到的意见权衡他们的分析。

媒体与财经新闻

我们应当尽量避免日常新闻报道的干扰。正如我们之前看到的,重要的是市场对新闻报道的反应,而不是新闻本身。然而,在清单的最后部分,向危机事件报道人员进行咨询没有任何坏处,这么做的原因有两个:

(1)我们之前核查过的宏观经济日历可能遗漏了某些事件,或者低估了某些事件的重要性;

(2)我们能了解到交易人员对事件的评价。当某些事件被金融媒体大肆报道并占据新闻头条时,在市场中的反应可能会被放大。

结论

完成这份清单的工作量看似艰巨,尤其是当我们特别渴望交易而且过去没有使用过核查清单时,但实际上,你可以在10分钟之内完成核查(不包括正念修习)。还要注意一点:花时间寻找答案与答案本身一样重要,利用这一清单能促使我们改变之前不科学的做法。

重要的是,要完整地核查完清单上列出的所有事项,同时还不能偏离正题(特别是在浏览网站时)。有了它,我们可以自行了解市场状况,不必依赖他人。

在中国文化中,8是个很吉利的数字,因为在汉语中,它与"发财"的"发"字发音相似。**八大事项核查清单**使我摆脱了伤害,在多笔交易中获得了丰厚的收益。

第 11 章

九大筛选因素：运用程序选定拟交易的股票

根据世界交易所联合会（World Federation of Exchanges）成员提供的数据，2018年11月，在全球82家交易所上市的公司共有82923家，[①]我们需要能提供盈利机会的股票，但我们无法交易所有的股票，因此需要进行筛选。

筛选股票时，我们从所有可供交易的股票中进行选择，最后确定一个含少量股票的名单。这不是决定在哪个市场进行交易，而是寻找符合我们流动性和稳定性要求的股票和证券交易所。

利用筛选程序排除不需要和不适宜的股票，我们的选择范围会逐渐缩小，这是好事，因为选择太多时，我们常常会做出错误的决策。理想的情况下，每种交易策略应当有100种备选股票，而且我们会不断审视这些股票，从中发现交易机会。

这样，我们就不必每天进场寻找交易对象了，因为我们已经有一张候选名单了，上面的股票都具备我们需要的特点。当备选股票过少（或者根本没有备选股票名单）时，这说明当前的市场不利于该交易策略。

凯莉·洛夫恩（Kerry Lovvorn）在他位于阿拉巴马州的办公室里向我展

[①] 世界交易所联合会，2018年11月，参见网址：www.world-exchanges.org/home/index.php/statistics/monthly-reports。

● CHAPTER 11 / 第 11 章

示了筛选股票以及从备选股票中选择最终交易对象的过程。如所有伟大的创意一样,当有人向我们展示选股的创意时,我们会恍然大悟,但我们自己永远都想不出来。

特性参考

每只股票都有自己的特性,在决定交易之前应当先仔细地审视它们。一只股票表面看来很不错,但它的特性可能不够强大,无法使我们抵御市场上的风暴。例如,高波动性股票利于日内交易,因为只有突然的大幅涨跌才能使我们盈利。

但我们很难在长期持有变化无常的股票,因此波动性低的股票更适合长期交易。

我们根据不同的策略寻找不同特性的股票,但筛选过程是一样的。我们为每一种交易策略准备一张备选股票名单,每季度调整一次。

当引起我们注意的某只股票不在备选名单上时,就应当运用筛选标准评估它。只有符合标准时,我们才应考虑它。当我们内心清楚要找什么样的股票时,看一眼就知道是否该选它。

筛选程序

网络上有很多免费的或者订阅后便可查看的选股资源。许多交易平台提供的软件包里就包含选股应用程序,利用单一资源不大可能完成所有的步骤,我们可参考各种资源创建我们自己的选股程序。

筛选过程分两步走,共包括九个阶段。第一步是适用于所有股票的一般性筛选,第二步是运用特定的条件选定适合交易策略的股票。一年当中我们应完成四次筛选,而且应在财报发布季之后进行。

实际收益与指导收益

股价的基础是人们对收益的预期。当公司公布上一季度的收益情况时，许多公司也会公布下一季度的指导收益。实际收益体现的是公司过去三个月的实际财务绩效，而指导收益体现的是公司对下一季度的财务绩效的预期。

从理论上讲，公司公布实际的收益情况后，市场会立即把之前的预期值调整为实际值，然后重启一轮新的预期。

然而，实际收益体现的是过去的绩效，而过去无关紧要，因为我们过去没有交易，但指导收益是内部人士对未来收益的猜测，而且是有根据的猜测（就像金融科幻小说一样），因此，任何股票的股价都是脱离现实的，都在疯狂地寻求其真实的价值。

收益公布季节

企业可随时公布收益数据，而且公布的企业的数量会逐渐增多，但主要的收益公布期是1月、4月、7月和10月的中旬。因此，我在2月、5月、8月和11月的月末筛选股票，这样能确保市场价格反映了当前的收益。

第一步：一般性筛选

伦理性和古怪性

有些人认为，金融市场展示了资本主义丑陋的一面，对此我不敢苟同。市场就像参差不齐的牙齿，虽不美观，但真实、有效。市场上有数以百万计的交易者、投资者和普通人，他们像其他人一样在努力拼搏。当然，市场上也是鱼目混杂，存在一些"狼"和"秃鹰"（更不用说机器人了），但是，有哪个职业是只向圣人敞开大门的呢？

● CHAPTER 11 / 第 11 章

无论好坏，市场都将持续存在，而且其规模和影响力会越来越大。我们必须尽力与它们打好交道，必须对我们的交易负责。因此，我们可以排除掉那些让我们良心不安的活动或公司。

这可能涉及国防、酒水、烟草、博彩或成人娱乐业的公司，可能涉及生产特殊化学品或药品的公司，或者是我们不喜欢的其他公司。我认识的一些人甚至不交易软商品期货，如玉米、小麦和大豆等，因为他们认为，交易这些商品会影响食品的价格。

股票按经济部门划分为基础材料、综合性企业、消费品、金融、医疗保健、工业品、服务、技术和公用事业板块，再进一步可细分为150~200个子类（具体要看运用的分类标准），[1]因此，如果有需要，我们可以排除整个行业的股票。

心安理得之后，我们便可进入下一步了，即排除高度不可预测的股票。这类股票是媒体的宠儿，人们根据其可疑的未来收益和很高的期望对它们进行估值。它们可能即将实现技术上的新突破，或者它们将"颠覆"一个行业。随着这类股票的上涨，人们的希望越大，最终失望也越大。

生物技术就是一个应该谨慎对待的行业。不要把生物技术公司与老牌的制药公司相混淆，"生物技术公司"是开发新药和进行临床研究的企业。当公司的命运取决于一项药物实验的成败时，交易该公司的股票会冒极大的风险。专门耕耘这一领域的交易者都非常了解各个公司及它们的临床研究情况，他们会运用特定的策略交易这类股票。

---

[1] 主要有三大行业分类标准。在金融市场上，常用的是摩根斯坦利资本国际公司（MSCI）和标普公司1999年制定的全球行业分类标准（the Global Industry Classification Standard，GICS）以及富时罗素（FTSE Russell）制定的行业分类标准（Industry Classification Benchmark，ICB）。政府机构通常采用标准行业分类（The Standard Industrial Classification，SIC）。要反映行业的发展变化，需要对每一类标准进行持续的审核和更新。

从风险来看，小规模的勘探和采矿类股票与生物技术类股票相似，因为这类公司的命运取决于实验的结果。当试探性的钻井平台出现了故障，或者来自新矿场的土壤样品里不含矿物时，它们的股票马上就会黯然失色。

交易所交易基金（ETFs）

ETF在股票交易所挂牌交易，而且交易模式与股票一样，因此它们被自动包括在筛选过程中。由于它们跟踪一揽子资产，因此我们要充分了解它们涵盖的每一项资产的情况，之后再决定是否把它们纳入备选名单。记住，交易就是管理风险，如果我们不清楚风险是什么，就无法管理风险。

筛选ETFs时可采用的一种方法是，一开始就创建特殊的备选名单，把ETF与股票分开，因为它们适用的策略有所不同。当我们没有做好涉足期货交易的准备时，ETF是接触商品期货和指数的绝佳选择。

规模

市值和股东权益是衡量公司规模的两大指标，市值的计算方法是当天的股价乘以已发行股票的数量。股东权益是更精确的衡量指标，其计算方法是公司资产减去负债。但是，市值便于计算，而且可连续计算，因此在选股的过程中占有突出地位。

大致可把市值划分为以下六大类：

超大型：超过2000亿美元；

大型：100亿～2000亿美元；

中型：20亿～100亿美元；

小型：3亿～20亿美元；

微型：5000万～3亿美元；

● CHAPTER 11 / 第 11 章

毫微型：不到5000万美元。

市值每时每刻都在发生变化，在市场回落期间，媒体喜欢报道"数十亿美元的股票价值蒸发"，这样的报道从来都不是真实的。价格是下跌了数十亿美元，但企业的真正"价值"大致保持不变。我们将在下一章探讨价格和价值的差异对交易的影响。

我们不必过于纠结具体的市值数字，只需设定一个门槛值即可。就我个人来看，我避免交易市值低于3亿美元的股票。显然，我们可以交易小市值公司的股票，但这样做的风险较大。涨潮时，所有的船都会上浮，但风暴来临时，小船会最先被淹没。

流动性

在五大风险限额中，我们讨论过流动性的重要性和快速、准确地执行订单的必要性。然而，流动性不只与价格和数量有关。我们交易的工具也必须具有"深度"，这意味着在当前价格之上和之下都堆积着大量的订单。

交易工具的"弹性"非常重要，它要能在消化大量的订单之后仍一如既往地前行。交易者愿意卖出的价格（要价）和其他交易者愿意支付的价格（出价）之间的差额（差价）也必须非常接近。

电影院里突发大火就是证明流动性极为重要的经典例子（即使相当乏味），此时，除非每个人都想逃出去，否则就没人出得去。虽然早就有人高喊"着火了"，但由于影院出口的门窄小，许多观影者最后都被严重烧伤了。

假设我们想投入5000美元买入一只股票，这只股票的价格为2美元，其日均成交量为60000股。我们的订单数量为2500股，这占了该股日成交量的4%以上。现假设我们在午餐时间下了单，此时这只股票的成交量很少。在我们的订单被执行之前的这段时间里，我们的交易就代表了这只股票整个市场的交易。

在安静的市场中买入股票是好事，但如果几周之后发生了"火灾"而且我们的止损单被触发时会怎么样呢？止损单会被自动发送至交易所，发给经纪人的指令明示以当前价格（正在下跌）卖出股票。当我们四处寻找出口时，别人也在这么做。当所有的卖单到达交易所时，买家可没那么多，或者买家不会那么慷慨。哎，多么令人头疼的局面！

避免交易流动性不足的股票的另一个原因是，技术指标对它们不适用。技术分析本质上是以可视化的形式呈现资产的历史价格，根据价格数据计算指标是为了确认反复出现的规律。然而，就像统计数据一样，只有当数据足够多时，技术分析才可靠，才能被视为行动的依据。成交量少时，相应的数据也较少。

低价股[①]：价格和成交量低的股票的交易往往会出现大量的"缺口"（gap）。股价大幅变化时就会出现缺口，此时原价和变化后的价格之间没有任何交易发生。第一天晚上相关新闻发布后容易出现这种现象，第二天早上开盘时股价与前一天存在很大差异。当股价越过我们设置的止损价时，我们的账户会遭受严重的不利影响。

此外，就跟出售廉价酒的商店一样，低价股会吸引不良买家，其价格很容易被道德沦丧的内部人员和参与投机的外部人员操纵。这些人谎称自己掌握内部信息，忽悠其他人买入成交量少的低价股，哄抬股价，他们则

---

① 按美国证券交易委员会的解释："低价股通常指的是规模非常小的公司发行的价格低于5美元的股票。"参见网址：www.sec.gov/fast-answers/answerspennyhtm.html。

约证券交易所规则7.6："价格高于1美元的证券报价和挂单的价格最小变动单位是0.01美元，价格低于1美元的证券报价和挂单的价格的最小变动单位是0.0001美元。"

纳斯达克证券交易所规则4701(K)："对于价格为1美元及以上的系统证券，'最低价格增量'为0.01美元，对于价格低于1美元的系统证券，'最低价格增量'为0.0001美元。"

借机出货。如今，社交媒体上充斥着这类活动，许多缺乏经验的千禧一代交易者都上了当。

低价股的另一个问题是它们的交易不顺畅。成交量和价格高的股票流动性强、交易顺畅，就如同轨道上的货运列车，成交量少的低价股不怎么流动，它们一路跌跌撞撞，就像拖着重物的骡子在山路上行走。

对于2美元的股票而言，几美分的波动就是大幅的变化。这样的股票只有40个5美分的增量，而且每5美分的变化就是2.5%的变化。当价格越来越低时，按百分比计算的5美分的变化幅度会更大。对于股价高于1美元的股票，美国证券交易所执行股价变化最接近0.01美元的订单，对于股价低于1美元的股票，美国证券交易所执行价格变动最接近0.0001美元的订单，但低价股订单的价格往往以整数居多，因此，当价格上下波动时，其变化是不连续的，而是跳跃性的。

蓝筹股[①]：蓝筹股与低价股完全不同，它们吸引的是富有远见的机构投资者，这些投资者做任何交易决策之前都会做足功课。机构和基金公司的决策由委员会做出，因此它们持有的股票是比较稳定的。当发生"火灾"时，他们不会争先恐后地跑向出口，而是会冷静地评估现状，从容地步向灭火器，但这种做法也为灵活的交易者离场提供了足够的时间。

一个很好的例子就是大众汽车公司的股票。2015年9月19—20日的那个周末，美国环境保护署（U.S. Environmental Protection Agency，EPA）提出指控说，大众销售的部分柴油车安装了干扰尾气排放检测的软件。9月21日（周一）法兰克福证券交易所开盘时，大众汽车公司股价下跌了13%以上，到9月23日（周三），其股价下跌了40%以上。考虑到大众公司的规模、声誉

[①] 纳斯达克证券交易所对蓝筹股的定义是："支付股息的知名成长股。"参见网址：www.investopedia.com/terms/b/bluechipstock.asp。

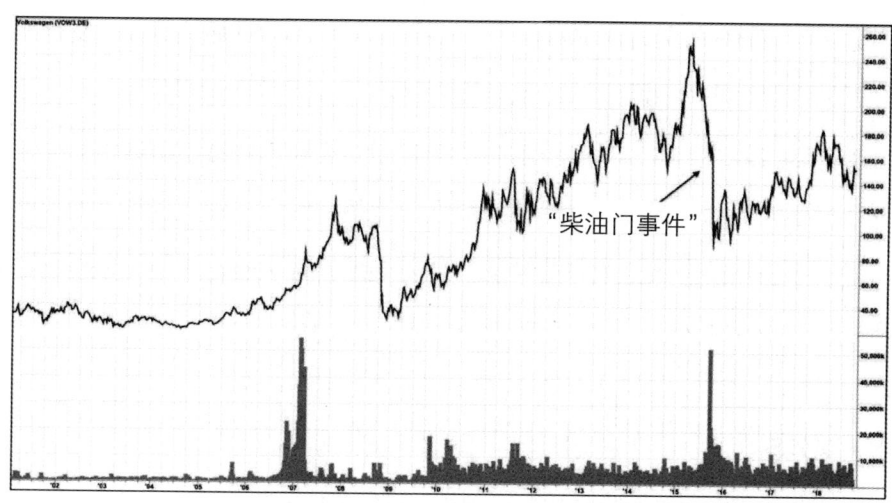

图17　2001—2018年大众股票
（法兰克福证券交易所代码：VOW3）K线图

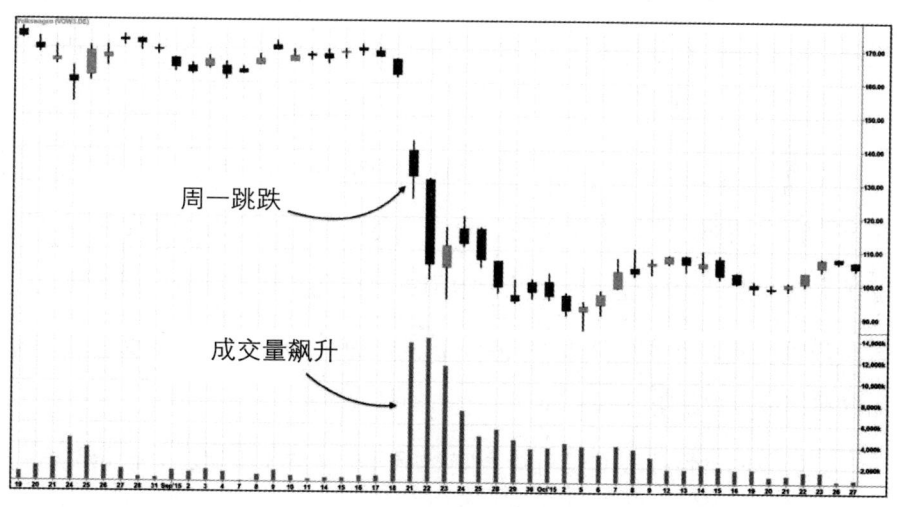

图18　"柴油门事件"期间大众股票日K线图

和影响力，股票的跌幅是巨大的。然而，它的下跌与其他股票的下跌不同。

周一早晨大众股价跳跌后有所回升，之后连续三天下跌，但跌幅可控。周一的成交量超过了1300万股，周二的成交量为1400万股，而在利空消息传出之前，该股票每天的成交量仅为300万股。股价跳跌之后，尽管成交量飙升，价格却像落叶一样缓缓飘落，而不是像一块石头猛然砸落。

在这三天时间里，一些股东冲了出去，一些股东则留在了原地。由于这只股票的流动性很高，交易能力很强，那些冲到门口的人发现，门很宽大。如果长期持有大众股票的交易者能正确地管理风险，那么即使他们以周一最低的价格平仓，他们账户遭受的损失也仅为3%~4%。

第一风险限额

正如我们在五大风险限额中提到的，我们单只股票的持仓规模要少于这只股票日成交量的1%，在美国这被称为"成交币值"（dollar value traded）。

1%的流动性规则还能确保我们只在最大的交易所从事交易，国内的小型股市更适合做长期投资，交易者青睐流动性强和监管完备的大型国际股票交易所。

按国内市值（美元）计算，规模最大的交易所是纽约证券交易所，接下来依次是纳斯达克证券交易所、日本交易所集团、上海证券交易所、泛欧证券交易所、伦敦证券交易所、中国香港交易及结算有限公司、深圳证券交易所、多伦多证券交易所集团、孟买证券交易所、印度国家证券交易所和德国证券交易所。[①]

低价股的价格或成交量可能会突然飙升，从技术上讲，它们可能会通过1%的流动性测试。请记住，这里的股票"成交量"指的是过去三个月内的日均成交量。交易在几天内突然变活跃会严重影响计算结果，会虚抬股票的流动性。

我们不应该只关注当前的价格和成交量，还必须考虑股票在一段时期

---

① 世界证券交易所联合会，2018年。

内的表现。

就流动性而言，我们可以把价格视为出口的高度，把成交量视为宽度。随着股价和成交量的下降，出口会越来越低、越来越窄。我们绝不能"太高"或"太胖"了，否则就出不去了。

盈利性

我们可以运用不同的指标来审视盈利性，例如每股收益增长率、资产回报率、股本回报率、毛利润率或者销售增长率，我们实际上要找的是在最糟糕的情况下依然能够盈利或者保持收支平衡的公司。我们知道，股价的基础是预期的未来收益，因此，如果一家公司当前能盈利，那么它将来也有可能盈利。

1997—2001年出现的互联网泡沫部分是由于这一市场预期导致的：不盈利的网络公司最终将接管世界并获得巨额利润。网络公司确实如预期的那样接管了世界，但它们的利润却难以捉摸。

如果一家公司没有盈利，作为短期股东，我们要问一问，持这家公司股票的意义何在？我们冒险持股能得到什么好处呢？公司亏损时，我们不是关键的供应商或内部人士，因此我们得不到清偿。记住，我们每三个月都得考虑一次这个因素，当一只优质股历经了困境，其盈利性恢复时，我们要把它列入备选名单中。

一个快速而简单的方法是浏览公司的运营利润率[①]，入选公司的这一指标至少应为正。从这一指标中我们能看出公司从每美元销售额中得到了多少（息税前）利润。我们希望大多数公司都是盈利的，但是当我们查看在美国证券交易所、纳斯达克证券交易所和纽约证券交易所上市的5082家美国

[①] 运营利润，参见网址：www.investopedia.com/terms/o/operatingmargin.asp。

公司的运营利润时（包括ETF），我们发现，只有3025家公司的为正。由此可知，我们仅通过盈利能力这一因素就能排除掉40%以上的美国上市公司。[①]

流动比率（Liquidity ratios）

不要将之与公司股票的流动性相混淆，流动比率衡量的是公司的偿债能力和安全边际。我们能否查看流动比率，要看我们使用的软件能否提供详尽的资料。该指标的计算方法是当前的流动性资产除以当前的流动性负债，通过它我们可以评估公司履行短期债务的能力。

我们可能还需要查看速动比率（quick ratio），它指的是公司的速动资产与流动负债的比率。速动比率越高，公司的实力越强。无论是流动比率还是速动比率，我们寻找的都是比率值大于1的公司。

第二步：与策略相关的筛选

在这个阶段，我们应该已经排除了大量公司的股票了，在某些情况下，备选名单上可能连一个名字都不剩了。运用市值、价格和成交量指标通常会把某个市场排除在外，特别是规模较小的交易所，在这种情况下，我们要认真地反思我们正在交易的市场，而不是调整筛选条件。

从此刻开始，我们将运用与策略相关的因素筛选股票。以下列出的是对业余交易者非常有用的三个筛选条件。

可做期权交易的（Optionable）股票和可做空的（shortable）股票

可做期权交易的股票能使投资者在将来某个特定的时间以商定的价格交易股票。我认为，新手应避免从事期权交易，因为很多人从事期权交易

---

① 参见网址：Finviz.com，于2018年9月14日浏览。

的结果都惨不忍睹。然而，可做期权交易的股票往往具有较高的流动性，这对执行我们的订单有利。

正如前文中所描述的，做空股票有许多好处，这一筛选条件能确保备选名单上的股票可被做空。可做空的股票的流动性也比较强，将它们纳入我们的备选名单以利用逼空的好处不是坏事。

波动幅度

想象一台测谎仪或地震仪：指针几乎不动时，它的波动幅度较低，当指针剧烈地上下跳动时，它的波动幅度较高。波动幅度是衡量股价在一定时间内波动程度的指标，从本质上看，它指的是股票沿着价格轴上下移动的幅度。

当我们观察的股票的价格几乎没什么变化时，我们在交易日内买卖它是毫无意义的。另一面，如果我们想长期持有股票，那么我们的投资组合中就应该包含价格稳定的股票。我们可以运用几种方式衡量波动幅度，但我发现，**真实波动幅度均值**（%ATR）是最佳的指标。

1978年，威尔斯·威尔德（Welles Wilder）在《技术交易系统的新概念》（*New Concepts in Technical Trading Systems*）中首次提出了真实波动幅度均值的概念。[①]股票的波动幅度指的是价格柱的高度，其计算方法是股票最高价减去其最低价。真实波动幅度更进一步，在计算时考虑了前一个价格柱上的收盘价。真实波动幅度均值计算的是一定时期内真实波动幅度的指数移动平均值。

将真实波动幅度均值除以当前价格可得到真实波动幅度均值百分比。

---

① 威尔斯·威尔德，《技术交易系统的新概念》，研究趋势（Trend Research）出版社1978年出版，ISBN-13：978-0894590276。

我们可从真实波动幅度均值百分比为2%～6%的股票中进行选择，这样可以保证我们交易的股票有足够大的波动幅度，同时又避免了所选股票股价上的大起大落。

股息收益

许多人投资股票只为了定期获得股息。当利率较低时，发展稳定的公司会支付可观的股息，因此它们的股票很有吸引力。例如，那些所谓的"罪孽股"（酒精、烟草、赌博和国防股）为了提高股东的忠诚度，往往会派发高股息，电信公司和房地产投资信托公司（REIT）也被视为可靠的股息派发者。一些投资者的投资组合中有许多每月派发股息的股票，因此他们领到了"股市薪水"。

运用趋势跟踪策略的交易者可以持有派息股票，这样，他们除了获得跟踪趋势的收益外，还多获得了股息收益。股息收益额可能非常大。一些散户投资者认为，持有高股息股票就无法获得其他收益了，因此要避免这类股票，事实并非如此。

例如，按照下列筛选条件快速地浏览美国股票：[①]

- 没有ETFs；
- 在过去12个月里回报率为正；
- 可做期权交易的和可做空的；
- 市值高于20亿美元；
- 股价高于10美元；
- 日均成交量高于50万股。

结果显示，在符合上述条件的公司中，有4家每年派发的股息超过了

---

① Finviz.com，浏览于2018年5月。

10%，有33家超过了5%，有115家超过了3%。

显然，我们不能保证这些公司在未来几年内会重复这样的绩效或继续派发如此高的股息，但每年都有相当多的公司在支付可观的股息，我们要做的就是把它们找出来。

只需要花几分钟时间就可以浏览完115只股票的图表（这是很好的正念修习机会），从中发现价格历史记录中存在异常的股票，将它们从备选名单中剔除，这样名单上留下来的都是支付股息的历史良好的股票。

在浏览支付股息的股票时，我们还要考虑周期性股票，这类股票被视为"奢侈品"，它们的价格走势与经济周期同步，而非周期性股票则被视为"必需品"，在时局艰难时，这类股票的绩效往往比较好。非周期性股票往往支付可观的股息，而且常被视为具有防御性的股票（不要与航空航天和国防工业股相混淆）。

结论

当我们浏览备选股票的图表时，我们是在寻找可识别和可交易的模式。我们应该非常熟悉自己喜欢使用的策略，这样当一张图表显示出符合交易策略的条件时，我们一眼便能识别出来，就如同在机场遇到了一位老朋友。当数百个陌生的面孔从我们眼前一晃而过时，我们一眼就能在人群中认出老朋友，这是因为，我们十分熟悉他的外貌特征。

我们还要留意股票历史上的异常表现，比如闪崩、有规律地出现价格缺口或者成交量激增。图表上显示的价格柱看起来不错，但我们还应该探查股票过去的概况。

运用这一条件筛选后，价格或成交量刚达到门槛值的某只股票可能榜上有名，两个月后，它的价格或成交量不再满足门槛值要求了，但它仍然

● CHAPTER 11 / 第 11 章

榜上有名。因此，我们需要熟悉筛选条件并手动删除不符合要求的股票。我们不应该盲目地信赖我们的筛选程序，我们要始终对可能不符合条件的股票保持警惕。

第 12 章

十大工具：技术指标和订单简介

到目前为止，我们已经研究了交易心理、风险管理、交易程序、交易记录和股票筛选过程，现在我们要探讨能使我们从市场中获利的实用工具了。

许多免费的网站上都有技术指标和交易订单的解释，因此我们不再赘述这些内容。我们关注的是那些未得到充分利用、被低估但经受住了时间考验的指标和订单，更重要的是，交易者过去利用它们获得了收益，现在依然可利用它们获得收益。

五个基础性技术指标

作为交易者，我们运用技术指标的目的有两个，一是分析市场趋势、超买或超卖行情、反转点、参与情况和流行的指标未反映出的内部市场活动，二是提供特定的交易信号。

新手犯的最大错误之一是运用了太多的技术指标。最好采用极简主义方法，因为每一种金融工具都在一个通道内震荡，反映在图表中就是上下波动，所以我们只需要运用基本的指标衡量这种变化即可。

● CHAPTER 12 / 第 12 章

价格行为

可从**价格行为**（price action）和**价格定位**（price location）这两个方面来理解价格。价格行为指的是价格柱的形状和形态以及它们对**供求**和**努力与回报**动态的反映。价格定位指的是当前价格相对于历史价格的位置，我们可以用接下来要介绍的移动平均线来确定它。

密切关注价格可以使我们准确地了解市场参与者的真实感受。交易和投资本质上是持续的公众投票行为，个人股东以此表达对公司未来前景的看法，当前的价格反映的是截止到目前为止的"投票"结果。

七个基本的数字

我们在图表上看到的所有内容都是通过计算这七个数字得出的：时间、日期、开盘价、最高价、最低价、收盘价和成交量。它们是计算各类技术指标的基础。运用这七个数字，我们能够创建任何动量指标或震荡指标，可以对已有数据进行回测，还可根据需要绘制任何图表。

为了反映价格行为，我们需要使用开盘价—最高价—最低价—收盘价（OHLC）柱状图或蜡烛图。后者往往是新手选择的工具，而且我们都记住了"最重要的"蜡烛形态，比如黄昏之星（Evening stars）、上吊线（hanging men）、弃婴（abandoned babies）和十字星（dojis）等形态。当我们发现这些奇特的蜡烛图时，我们要记住，其他人也发现了它们。因此，仅根据价格行为进行交易可能是高风险策略，而且这种策略更适合于波动交易和日内交易。

每个交易日的开盘就像百老汇的首场演出。当市场里的铃声响起时，紧张、兴奋和乐观的情绪都被反映在了"开盘价"中，随着兴奋感达到顶峰，股价也涨到了最高。当悲观和恐惧的情绪来袭时，股价会跌到最低。最后，

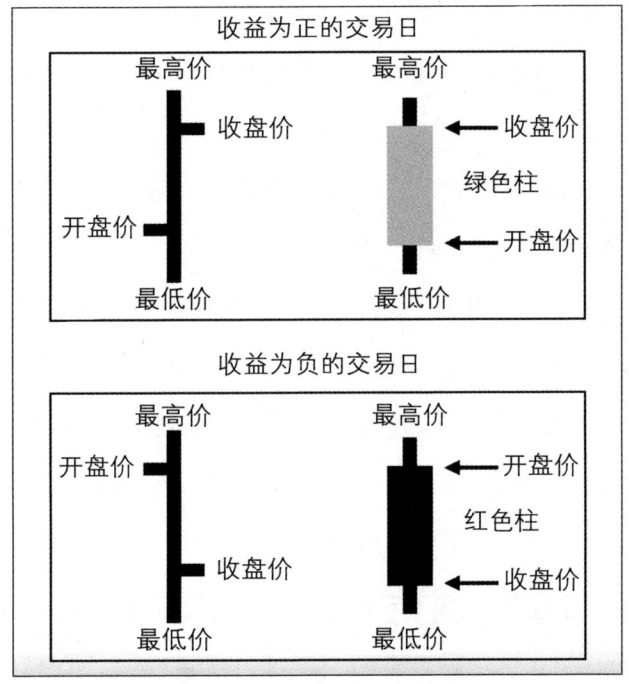

图19 价格柱状图和蜡烛图

当曲终人散时，参与者接受了命运，确定了收盘价，因此，收盘价是当天最重要的价格。

反转和价格大跌后反弹

市场就像一群饥饿的鱼，疯狂地来回游动，吃掉看到的所有订单。吃掉它们面前的所有订单后，它们会自动转身，开始往相反的方向游去，寻找订单。通过密切观察交易日的价格反转点及之后的走势，我们能确定大多数订单的位置。

经验丰富的交易者不会过早贸然行动，他们会等待这样的价格行为出现，触发他们进入交易。这就好像购买公寓期房，如果我们等到建好地基之后再进行投资，那么公寓完工的可能性会更高。在股价出现变化后再买入股票可能需要花更多的钱，收益会略微减少，但交易者承担的风险却大大降低了。

自动的（或有条件的）订单是执行此类操作的最佳工具。当预先设定的条件依次出现时，这些订单才会被执行。例如，许多波动交易策略高度依赖于价格行为，其中的一些操作可能比较简单，比如价格大跌后反弹和移动平均线交叉时即可入场交易。

当价格跌到了前一日的最低价以下（越低越好）后出现反转、收盘价高于前一交易日的收盘价时，说明股价结束大跌，开始反弹。只有当这种情形发生时，自动订单才会被触发。

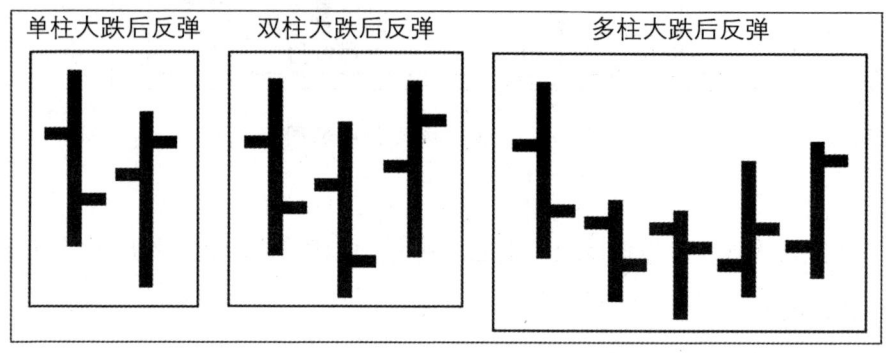

图20　单柱、双柱和多柱大跌后反弹

这种情形可能发生在单个价格柱上，即单柱大跌后反弹（1BW），也可能发生在两个价格柱上，即双柱大跌后反弹（2BW）。单柱大跌后反弹是最强的反转信号，因为市场在一个价格柱的间隙实现了反弹，也就是说，只用一个球就触发了所有的捕鼠夹。双柱大跌后反弹也是有效的信号，只不过用时稍长些。多柱大跌后反弹（MBW）是比较麻烦的情形，我们最好避免在这种情况下进行交易。

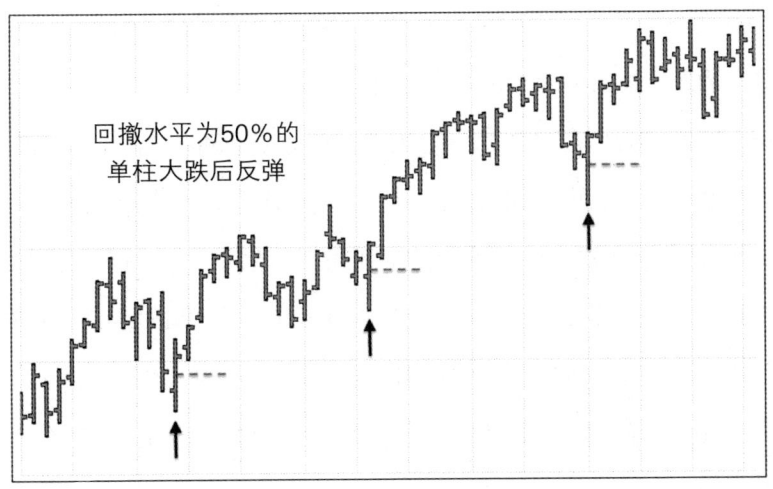

图21　单柱大跌后反弹和50%的回撤水平

较好的1BW出现时，后续的股价不应回落到触发柱高度的一半以下，因此我在这一价格柱的约60%回撤水平处设置了一个软止损价。同样的软止损价也适用于2BW，可根据第一价格柱的最低价和第二价格柱的最高价计算回撤水平。

这些下跌、反转和回撤止损水平也适用于做空交易，只不过在这类交易中，我们是根据价格柱上的最高价而不是最低价进行计算的。

大跌后反弹之所以重要是因为，它们消除了多头和空头之间的分歧。实力更强的群体克服了在边界遭遇的抵抗，深入到了实力较弱的一方的领地。节节胜利之后，他们抢夺战利品，把市场推到了自己一方，没有人能反抗得了他们。

移动平均线——价格和价值

我曾经与一个爱喝酒的人同住一家五星级酒店的一个房间，他正处于嗜酒如命的阶段，总是独自偷偷地饮酒。晚上，他悄悄地喝光了迷你吧里所有的瓶装酒，并在瓶子里装满了水。当我们去退房时，酒店的员工一眼就看到了酒瓶上被损坏的封条，因此向我们索要一大笔费用。

场面非常尴尬，而且我惊讶地发现，在这家酒店，一小瓶伏特加酒的价格要比酒水专卖店里一大瓶的价格还要高。驱车离开酒店时，我意识到，我们从此次经历中吸取了宝贵的教训，理解了价格和价值之间的差异。

价格是商品的销售价格，而价值是商品的实际价格。在酒店的迷你吧里，由于小瓶酒所处的便利位置和客人缺乏自律，其价格总是高于价值。在金融市场上，随着市场的变化，价格和价值交替上升和下降，这为交易者创造了获利的机会。

股票被高估时买入它们就像喝迷你吧中的酒，股票被低估时买入它们就如同从酿酒厂直接买酒。迷你吧周围总是人来人往，因为那是人们闲憩的好地方，而酿酒厂位于小镇边缘一个孤零零的工业园区内。交易者在寻找机会的过程中，要避免迷你吧周围人群的诱惑，要留出从酒厂直接购酒的资金。

在买入股票之前，我们要了解股票的当前价格与其价值相比所处的位置。股票是被高估了还是被低估了，亦或是刚刚好？我们可以通过查看**市盈率（P/E）**及其历史背景或查阅公司的财务报表做出判断，更简单的方法是，在图表中绘制移动平均线。

我们计算出一定时段的平均股价后，再接着进行计算，每次增加一个新数字，同时去掉另一端的一个旧数字。把结果用实线绘制在图表中，覆盖在股价上。我们以粗线绘制这条线，因为对于交易者而言，它可能是除了股价之外最重要的信息。

移动平均值有两种计算方法：简单移动法（SMA）和指数移动法（EMA）。计算简单移动均值时，为每个数据点分配相同的权重。但市场并不是这么简单的，因此交易者可以使用指数移动平均法，即对愈新的数据赋予愈大的权重，这样做可以使曲线平滑，而且能提醒我们趋势的变化。

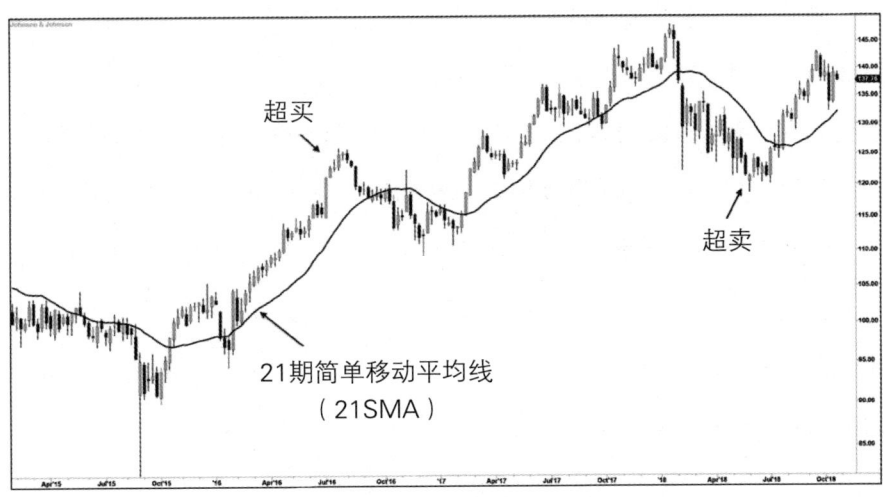

图22　强生股票（纽约证券交易所代码：JNJ）
周K线图中的21期简单移动平均线

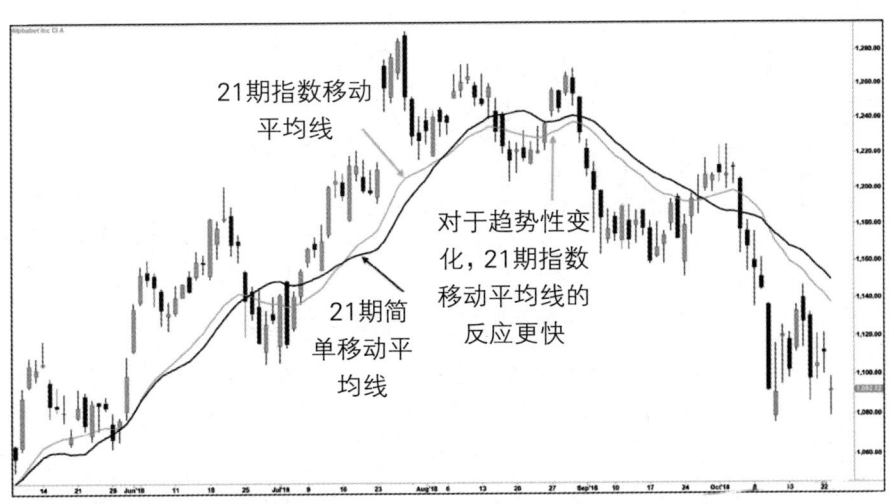

图23　谷歌母公司ALPHABET股票（纳斯达克代码：GOOGL）日图表：
21期简单移动平均线和指数移动平均线

移动平均值的期数取决于我们运用的具体交易策略，但收盘价的21期指数移动均值是个不错的选择。在日图表中，它指的是过去21天的均值，几乎是一个月的交易，因此能反映出一个月内交易的任何波动情况。在周图表中，21期指数移动平均线反映的是大约半年的交易情况，涵盖了季节性变化和两次收益报告的影响。在月图表中，21期指数移动平均线涵盖了近两年的数据，而且我们也可以利用它了解长度为200个月的市场周期的概况。

21期指数移动平均线也是确认趋势的理想工具，我们应该为此专门保存一张图表。每当我们对市场心存疑问时，显示了21期移动平均线的图表都会提醒我们趋势的方向。它们会告诉我们"这一趋势是你的朋友"，而且21期指数移动平均线能使我们与这个强大的盟友保持联系。

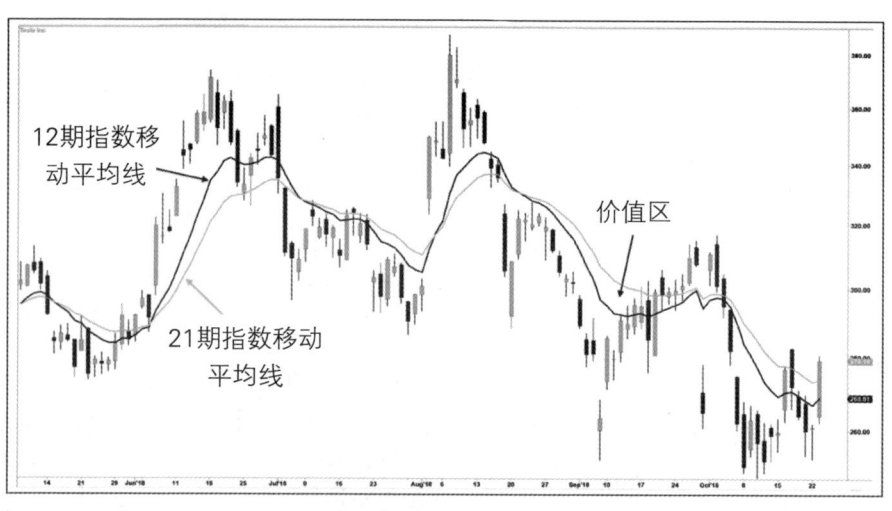

图24　特斯拉股（纳斯达克代码：TSLA）周图表：
12期和21期指数移动平均线形成了"价值区"

出于交易目的，有些人会运用两个期数不同的移动平均线。我不止一次听亚历山大·埃尔德博士说过："价值存在于两个移动平均线之间的区域。"这个"价值区"就是股票当前的价值，而且价格相对于这一区域的位置能提示我们股票是否处于超卖或超买状态。

在日图表中，快速移动的平均值的期数应该是比较小的数值，比如11~12，而慢速移动的平均值的期数应该是20出头的数字，比如21~23。我们不应该太在意具体的数字，只要明白这一点即可：当快速移动均值的期数是慢速移动均值期数的2倍时，它们能发挥应有的作用。

我们可以把快速和慢速的指数移动均值视为18轮的牵引拖车。当卡车前进时，牵引车单元（快速的指数移动均值，即快速EMA）走过的弯道更短，速度更快，而拖车单元（慢速EMA）的弯道弧度更大。两组车轮沿着略有不同的路径行驶，而且都在地面上留下了印记。

价值区是我们思考何时进入交易时首先要考虑的因素。考虑市盈率不管用，在我所认识的人中，没有人会在交易前先考虑市盈率。

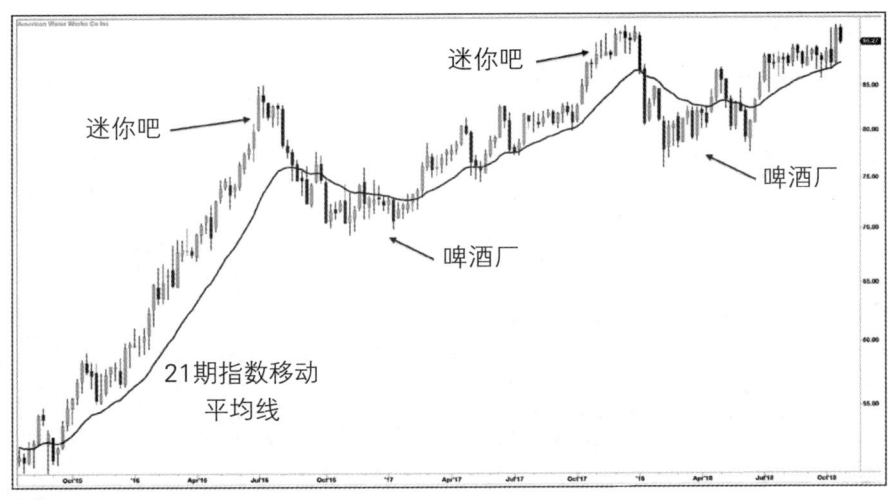

图25　美国自来水厂（纽约证券交易所代码：AWK）周图表：价格和价值（迷你吧和啤酒厂）

大多数新手都是趋势跟踪者或波动交易者，无论他们是否意识到了这一点。他们要么跟踪看涨趋势，要么利用趋势从事波动交易，或者两者兼而有之。在尝试运用这些策略之前，他们应当知道股票的价值所处的位置，因为他们都是根据价格和价值的聚合或背离程度进行交易的。如果他们不知道价值的位置，他们又怎么知道从哪里入手呢？

对于趋势跟踪者而言，应在价格低于价值时进入，在价格持续攀升时长期持有。波动交易者试图捕捉股票出现超买或超卖行情后的变化，这些状态可能持续数天或一周的时间。在两种情况下，他们都希望以低于价值的价格买入股票，以等于或高于价值的价格卖出股票。（显然，做空交易正好相反。）在运用EMA确定了价值的位置后，我们就有了进入和退出的参照点。

大多数制图软件包都以每个交易时段的收盘价来计算移动平均值，更高级的软件包则允许我们使用四种重要的价格中的任意一种（开盘价、最高价、最低价和收盘价）。

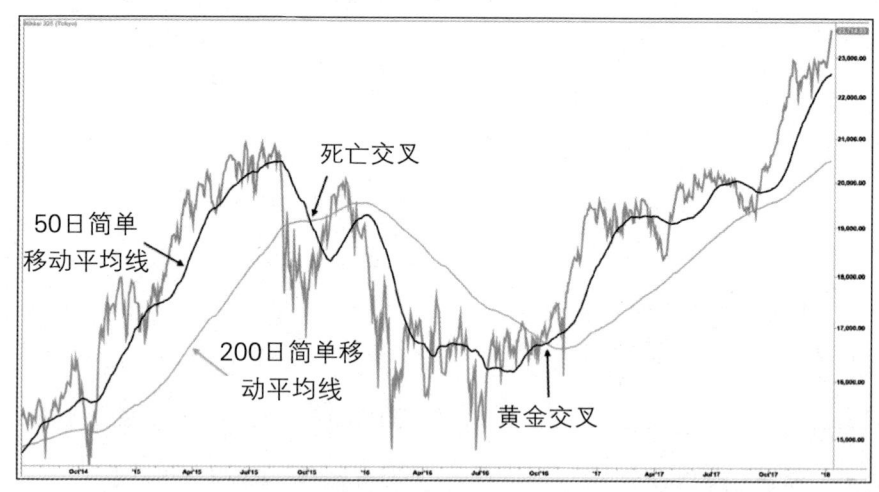

图26　日经225日图表：50日和200日简单移动平均线的交叉

大型机构通常运用50天和200天的简单移动平均线（SMA）来识别趋势变化。知道这些大机构在做什么总是有益的，因为他们就像乘坐着一艘小船的大家伙，当他们移动时，整艘船也会跟着移动。

当快速变化的50日简单移动平均线从下方穿透200日简单移动平均线时，它们的交叉被称为**"黄金交叉"**（golden cross），因为此时趋势转为上行，行情变得有利了。当相反的情形发生时，它们的交叉被称为**"死亡交叉"**（death cross），因为此时趋势转为下行，涨势行将结束。当这些交叉出现时，它们可能促进市场行情的变化。

一种非常有用的做法是，绘制出一张我们当前持有或关注的股票的K线图，并在图上绘制出该股票的21期指数移动平均线。审视这张图，注意指数移动均值和价格是否分离又重合。不论趋势是上涨还是下跌，价格和价值总是会重新汇聚在一起。

在图表上标出你建仓和清仓的位置。你是买便宜了还是买贵了？另外，请注意趋势方向的转变。新手常犯的一个错误是，在股价达到最高点前买入，在股价触底之前卖出，就好像他们的订单改变了市场的方向似的。

利用移动平均线判断股票的价值使我多次摆脱了困境。虽然迷你吧里的小瓶酒非常昂贵，但事后来看，与我从中汲取的宝贵教训相比，它们是便宜的。

真实波动幅度均值（ATR）[①]**通道**

股票会沿着均线上下波动，但健康的股票始终会处于一条通道内，就像理智的人会走人行道一样。真实波动幅度均值衡量的是一系列价格柱的平均高度（波动性），它把移动平均线体现股票价值的观念更推进了一步。

ATR通道指的是股价变化路径的宽度，通过它，我们能一目了然地评

---

① 股票图表——肯特纳通道（Keltner Channels），见网址：stockcharts.com/school/doku.php?id=chart_school:technical_indicators:keltner_channels。

估股票近期的波动状况，并确定保护性止损价的位置和价格目标。我们也可以运用它来确认超买和超卖的程度。简而言之，当我们知道股价的平均波动范围时，我们就可以确定股价何时出现了异常，并做出相应的反应。

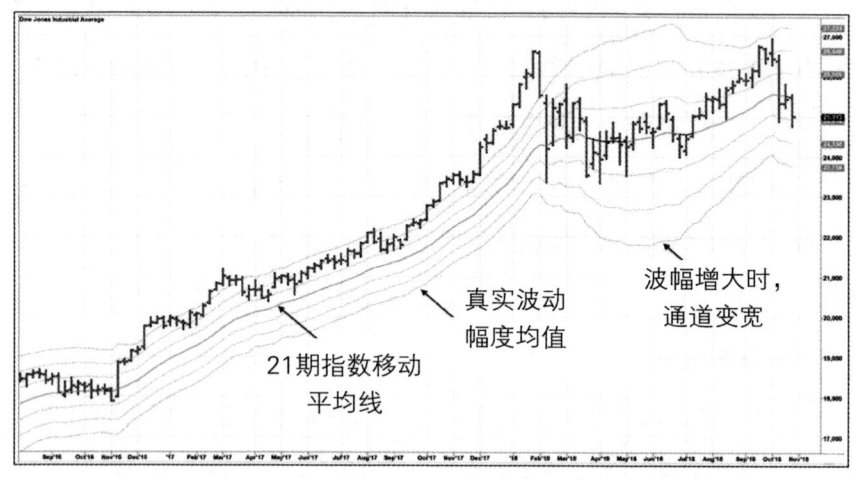

图27　道琼斯工业指数周图表：三个真实波动幅度均值通道

克里·洛夫恩是ATR通道的坚定支持者，他向我介绍了这一概念。实际上，它的用途非常广泛，近来我几乎在所有的图表中都运用了它，只不过形式各有不同。通常情况下，我会在21期指数移动平均线的上下方绘制三条等距的ATR通道。大多数情况下，股票都保持在上方或下方的第三通道之内，而且在主要的市场指数中，鲜有能超出这些通道的。

在前述有关价格行为的讨论中，我们提到了价格大跌后的反弹情形，我们也可以用ATR通道分析它。"良好的大跌后反弹"情形出现时，股价应至少跌到价格柱近期最低价以下的0.25倍ATR处。

成交量

可用不同的方法计算成交量。一些交易所计算的是交易（订单）的数量，一些交易所计算的是股票的数量。我们要知道我们所在的交易所采用的是哪种方法。在大多数情况下，成交量本身说明不了什么，人们以它的变化来推测市场上交易者的信念或情绪。它体现的是推动股价上升或下跌的动力大小，以及买卖双方以一定的价位进行交易的热切程度。

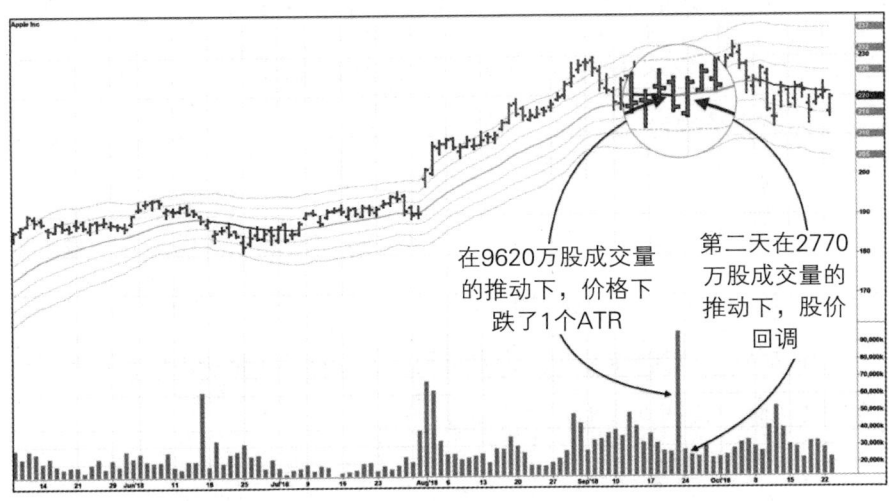

图28　苹果公司股票（纳斯达克交易代码：AAPL）日K线图：努力与回报

图29　SPDR标普500ETF30分钟K线图：盘后成交量峰值

脱离语境的句子或短语可能给人留下错误的印象，成交量也是如此，因此我们必须结合市场的具体情况来理解成交量。

同时观察成交量和股价，我们从中能得到有关努力与回报的启示。努力与回报指的是推动价格变化需要付出多大的努力（成交量），以及这样的付出能够推动价格发生多大的变化（回报）。我们还可以通过它们洞悉供求的重要变化，当供求在一定的价格水平上增加或减少时，我们可以通过这些变化了解市场的胃口。

交易期即将结束时，由于交易者要把所获得的利润落袋为安，或者把无利可图的交易平仓，成交量通常会激增。如果我们的交易周期是一周，那么我们最好下拉到日K线图，查看整周的成交量分布情况。同样，我们也可以上拉到盘中K线图，查看当天的成交量。

支撑位和阻力位（S/R）

这听起来像是一个好战的政治团体发出的招募口号，但实际上它们是确认股价当前水平的方法，它们表示的是股价探底（支撑位）后回升或者股价触顶后回落（压力位）的水平区域。股价出现这样的变化是因为，市场参与者之前在这些价格水平上做出了承诺（无论是心理上的还是以实际订单的形式做出的），而现在兑现承诺的时间到了。当股价重回这些水平时，参与者往往会根据之前的经验进行买卖。

支撑位和阻力位就像弹簧大门，当一群人轻轻推动它时，它会转动一点点，少数人借机通过，但门马上会弹回来，大部分人都被挡了回来。人群的力量必须足够强大才能冲开大门，一旦人群通过了大门，大门就会在他们身后回弹。当人群要返回出去时，他们也得使出同样的力量。这样，

CHAPTER 12 / 十大工具：技术指标和订单简介

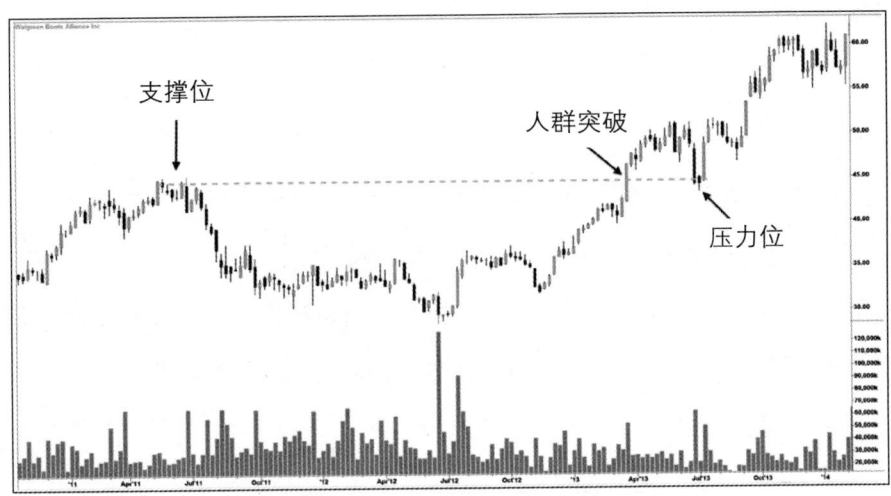

图30　沃博联（WALGREEN BOOTS ALLIANCE，纳斯达克代码：WBA）
周K线图：支撑和压力水平

先前的阻力位就变成了支撑位，反之亦然。

正如每一位优秀的足球运动员都知道边线和球门线在哪里一样，我们应该始终清楚我们目前交易的股票的短期、中期和长期支撑及压力区域在哪里。我们可利用月图表确认长期区域，用周图表确认中期区域，用日图表确认短期区域。

要确认这些区域，我们就要找到开盘价和收盘价汇集的水平而不是价格柱上的极点。由于这些区域的性质特殊，我们要对它们有一定的理解，似乎这些价格水平体现着某种情绪或感觉，而不只是冷冰冰的数字。

当谈话转向敏感话题时，人们往往会感到焦虑，同样，当市场进入支撑和阻力区域时，交易者也会感到紧张。

我们要从区域而不是从特定的水平或数量出发考虑支撑位和阻力位，因为它们就如同海绵大门，在最终敞开之前会吸收大量的推挤力量。记住，这些区域里汇集了大量的订单，随着市场疯狂地执行这些订单，这些区域

● CHAPTER 12 / 第 12 章

会发生变化。

突破

在人群冲破支撑和阻力区域之前,这些区域通常会经受几次考验。大门遭受冲击的次数越多,它就越坚固。最终大门前积蓄了十分强大的力量,一旦大门被冲破,人们就蜂拥而过,而且在惯性的作用下,他们会继续保持前行。这被称为突破(breakout),是一种非常流行的交易策略,尤其是在新手中间。

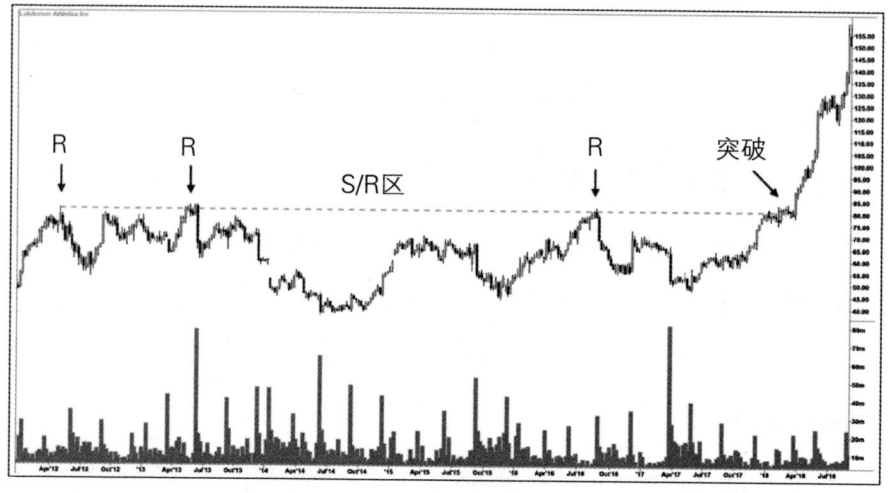

图31 露露柠檬公司股票(LULULEMON ATHLETICA,纳斯达克代码:LULU)周K线图:三次努力之后实现突破

假突破

但我们需要谨慎看待突破现象,通常情况下,股价突破这些区域几个小时或几天后会出现反弹,这种情况被称为**假突破**,这意味着仅有少数交易者通过了大门,大多数人由于不确信冲出门外的做法是否正确,因此不再推压大门。此时,大门外的少数人被孤立了,他们站在了市场主流民意

的对立面。

仅当股价从另一侧测试了支撑和压力门而且它们保持坚挺时,突破才是真实的。假突破是专业人士常用的策略,他们会根据所有业余人士先前设定的突破警示进行交易。对于新手而言,假突破K线图中的长影线就如同一根避雷针。在价格突然上涨的吸引下,他们满怀激情地入场,最终被市场浇了一盆冷水。

图32 辉瑞公司股票(PFIZER,纽约证券交易所代码:PFE)
日K线图:假突破和真突破

真实波动幅度均值支撑和阻力位(ATR S/R)

支撑和阻力区域不仅存在于价格水平,还存在于波动幅度。由于股票在ATR通道内震荡,因此进行波动交易时,可运用ATR通道来识别震荡水平。上涨的股票在ATR线(尤其是3倍ATR线)处通常会反转,而下跌的股票通常会在-1倍或-2倍ATR线处得到支撑。

量价支撑和阻力位（Vol S/R）

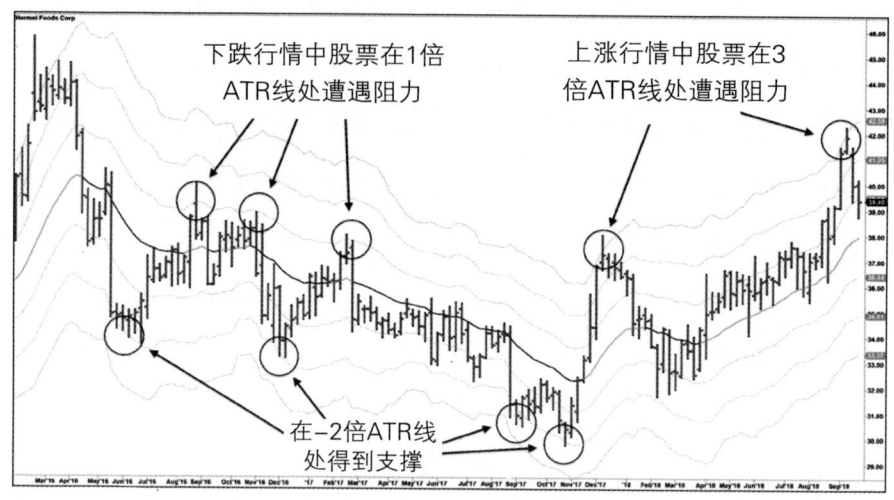

图33　荷美尔食品（HORMEL FOODS）股票
（纽约证券交易所代码：HRL）周图表：ATR支撑/压力位

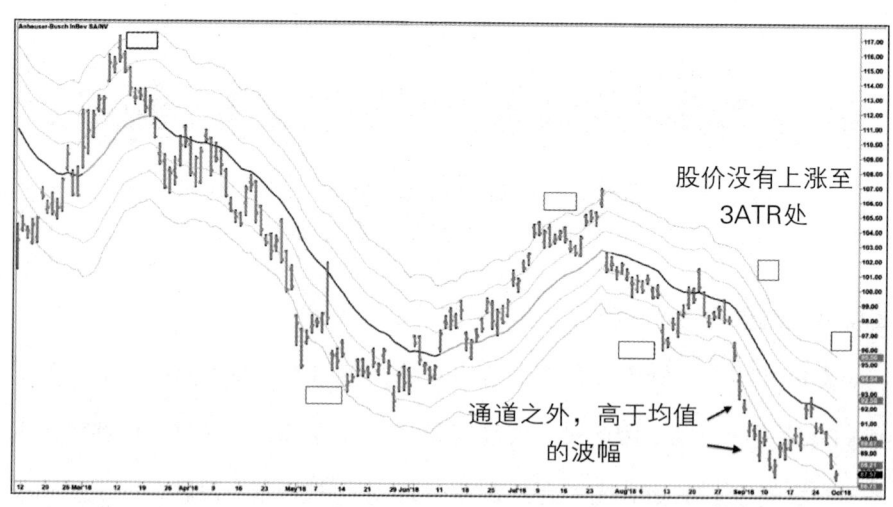

图34　百威英博（ANHEUSER-BUSCH INBEV）
股票（纽约证券交易所代码：BUD）暴跌前在通道内的震荡

可以把价格和成交量结合在一起形成一个指标，即**量价指标**。就像战场上堆积的碎砖一样，这个指标衡量的是每一价格水平的成交量，从这一指标我们能看出大多数交易行为发生时价格所处的位置。这个指标的双重性质对于确认支撑和阻力位的强度以及量价返回到这些水平时市场可能出现的反应特别有帮助，量价的变化体现的是多头和空头之间的激烈缠斗。

当量价支撑和阻力位与它们的水平支撑和阻力位以及真实波动幅度均值支撑和阻力位重叠时，我们要格外注意，这是一个不容忽视的水平。

技术分析的局限性

对金融市场的技术分析是对现实中能激发情感反应的事件的历史数学测度，因此，当我们只关注数字时，我们可能完全不得要领。

玛丽和帕特里克已交往了五年。一天晚上，当他们一起坐着看电视的时候，玛丽转头问帕特里克："你爱我吗？"帕特里克是技术分析师，他本能地回答说："我当然爱你。"听到这个回答后，玛丽依偎着帕特里克说："我知道你爱我，但有多爱呢？"帕特里克从玛丽的声音中判断出，这是道"送命题"，因此他仔细地考虑了一会儿后说："玛丽，我现在对你的爱比你上次问我这个问题时增加了1.2%。"

五种基础性订单

我们都记得住在同一条街上的那个熊孩子，与他人交往时，他随心所欲，无所顾忌，除非他愿意，否则他不会与人合作。我们在与市场打交道时，应该效仿他的做法。许多交易新手没有意识到，他们可以选择不同类型的交易订单。我们不能仓促地下单，我们要告诉市场我们想要什么，除非我们愿意，否则我们拒绝随波逐流。

我们来看看交易者常用的一些订单：

市价单

股市是世界上最大的在线拍卖和速配场所,如果你曾在著名的股市交易过,那么你就会知道,你需要保持头脑冷静,做好准备,随机应变。交易者更要如此,因为他们要靠此谋生。

市价单指的是无论价格如何、无论面临什么行情,交易都会被执行的订单。在任何公开的讨论中,这种订单都不是好的选择。挂市价单就好像你对市场说"买入1000股",市场问:"先生,你希望我如何执行订单?"你回复说:"随你便吧!"市场总是会考虑它自己的而不是你的利益。因此,市价单很少被使用。

话虽如此,保护性止损单也是市价单,它虽不完美,却是我们可选择的最佳方案,而且交易流动性强的股票能确保止损单很快被执行。

限价单

顾名思义,限价单为我们打算支付的价格设定了限制。这类订单挂在经纪人的服务器上,当交易价格触及设定的价格水平时,订单就会被执行。有时候,交易价格可能会跳过限价单的价格,限价单不会被触发,但总地来说,限价单的好处远大于其弊端。我们交易时使用的大多数订单都应该是限价单。

止损限价单

止损限价单由两部分组成,仅当股票在两个价格之间交易时,订单才会被触发。例如,我们拟完成一笔做多交易(买入),并挂出了一个90美元的买入止损单和一个91.50美元的止损限价单,那么,当股票的价格超过了90美元但未超过91.50美元时,该订单才会被执行,这类订单特别适合用来捕捉股价的反转点。只有反方向堆积的所有订单被执行后，它们才能促使我们进入交易。此时市场只有一条路可走，而我们就走在这条路上。

保护性止损单——最重要的订单

1985年7月，加州圣塔克拉拉大学（University of Santa Clara）的赫什·谢弗林（Hersh Shefrin）和梅尔·斯塔特曼（Meir Statman）证明了成功的交易者一直以来都知道的事情。他们在《金融杂志》（*The Journal of Finance*）上发表了一篇题为《过早卖出盈利股、持有亏损股的倾向：理论与实证》（*The Disposition to Sell Winners Too Early and Ride Losers Too Long: Theory and Evidence*）的文章，[①]在这篇文章中，他们把交易者和投资者中常见的过早卖出盈利股、持有亏损股的行为称为"处置效应"（disposition effect）。

我们如何知道什么时候必须止损呢？股票什么时候会转盈为亏呢？对于盈利股，我们如何让它们继续盈利呢？我们应持有它们多长时间？在市场上，长期盈利的股票可能在短期亏损，而亏损股一开始可能是盈利的。解决这一难题、化解处置效应的方案是挂保护性止损单。

保护性止损单是我们可利用的最重要的工具，它对交易者的重要性就如同利剑对角斗士和麦克风对喜剧演员的重要性。

我们已在"**两大选择保持简单**"这一章中介绍了**保护性止损**，但保护性止损有两类：硬性止损（hard stop）和软性止损（soft stop）。硬性止损指的是，当股票以某个价格交易时，我们下达实时的指令进行平仓。软性止损（也被称为心理止损）是我们头脑里预想的一个数字，当交易价格达到

---

① 赫什·谢弗林和梅尔·斯塔特曼，《过早卖出盈利股、持有亏损股的倾向：理论与实证》，《金融杂志》，第40卷第3期，美国金融学会（American Finance Association）第43届年会论文，得克萨斯州（Texas）达拉斯（Dallas），1984年12月28—30日（1985年7月刊出），第777—790页。参见网址：http://www.jstor.org/stable/2327802?seq=i#page_scan_tab_contents。

● CHAPTER 12 / 第 12 章

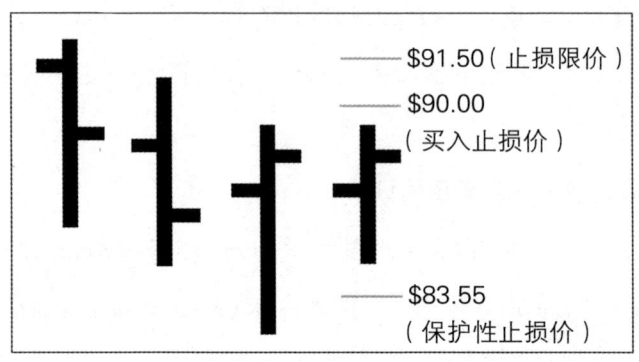

图35 止损限价单

这一数字时，我们进行平仓。从理论上来讲，软性止损是较好的选择，但新手应避免使用它，因为他们不一定能严格自律。

可以这么考虑这一问题：某人在周五下班后去了酒吧。软性止损指的是，他拿着装有工资的钱包对自己说，喝两品脱酒后就回家；硬性止损指的是，他花钱买了两品脱酒，并让他的妻子和母亲在9点钟来接他。

第一次伤害最浅

凯特·斯蒂文斯（Cat Stevens）曾写过一首名为《第一次伤害最深》（The First Cut is the Deepest）的情歌，每当我们听这首歌时，我们都应当记住，不要在市场上动感情。保护性止损会对我们的资产产生第一次伤害，但伤害程度是最浅的，而不是最深的。它能使我们避免更大的损失，我们越早止损越好。受到的伤害较小时，我们很快就能恢复元气。市场总会给我们带来更多的机会，但不一定总是能给我们带来更多的资本。

优秀的交易者在止损平仓后，会打起精神来，更加密切地关注股票的动向，因为他们知道，这些股票通常会在不久之后提供更好的交易机会。当条件具备时，他们会尝试着进入，保护性止损点是交易者承认他们此次判断有误但不久之后就会判断正确的点位。

他们不会感到沮丧或后悔,他们泰然处之,因为他们知道,他们只不过是在参加聚会时比其他人早到了一些时间而已,而且他们可以选择最好的座位。专业人士过早地进入交易很常见,新手通常进入得过晚。

我们应该把保护性止损视为一种能使我们从一种资产转向另一种资产的交易策略,不能把它视为令人头疼或者邪恶的事物。它们会自动地把我们的资金从不利于我们的股票中转出,转变成对我们有利的现金。当止损单被触发时,我们永远不要把这种结果视为失败。

保护性止损价的位置

新手常提的一个问题是,应在哪里设置保护性止损。针对这一问题,我们决不能孤立地做出决策,而是要把它视为交易策略的一个要素看待。进行交易时,我们应当已经知道了止损价和可能的"目标价位"在哪里,我们要同时把相关订单发送到市场中。

这被称为包围单(bracket order),是一种既能止盈也能止损的整合性订单。理想的情况下,所有的订单都应当是完整的包围单的一部分。这种订单不仅能为我们提供最大程度的保护,还迫使我们考虑交易的风险回报情况。

根据真实波动幅度均值(ATR)设置保护性止损价

根据波动性设置保护性止损价背后的思想是,我们在交易的时间范围内,把止损价设置在股票的真实波动幅度之外。常识告诉我们,如果我们把止损价位设置在真实波动幅度之内,我们会在正常的市场噪音干扰下清仓离场。当股票价格超出了真实波动幅度时,它就偏离了正常的路径,撞向了迎面驶来的车辆。

根据波动性设置保护性止损价的做法已存在了一段时间了,在著名的海龟交易者(Turtle Traders)[①]于20世纪80年代使用的交易系统中,这种方法是不可或缺的部分。我发现,这种方法是最有效、最盈利的保护性止损价设置方法。在本书第三部分,我们将举实例说明如何运用这种方法。

跟踪止损单

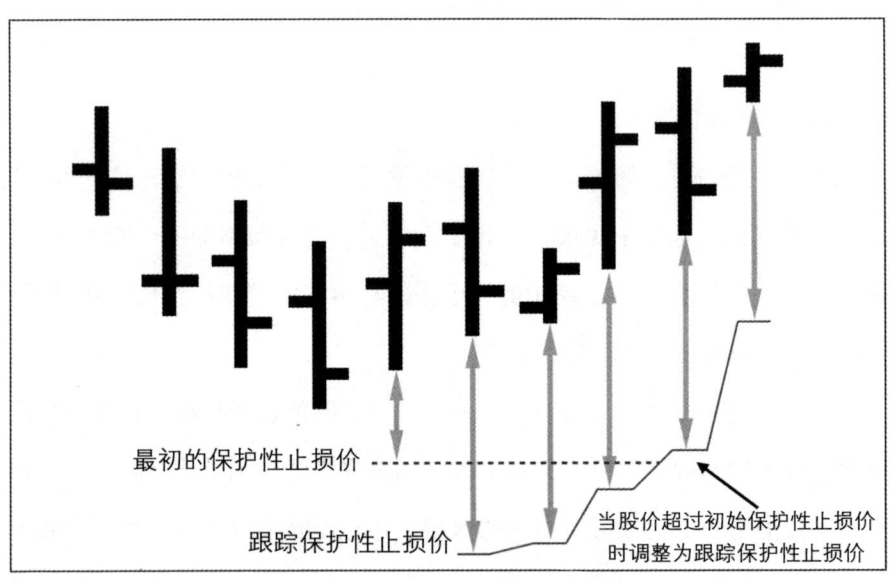

图36　上涨股的跟踪止损

谢弗林和斯塔特曼指出,过早卖出盈利股是交易者的另一个坏习惯。解决这一问题的方案是设置跟踪止损价。这也是一种保护性止损方式,指的是为了保护截止目前所获得的收益,根据实际的交易进展情况调整止损

[①]《原版海龟交易法则》(*The Original Turtle Trading Rules*),2003年版权,OriginalTurtles.org所有,第22页,参见网址:www.tradingblox.com/originalturtles/originalturtlerules.htm。

价。一旦股价朝我们预测的方向发展，我们就逐步调整我们的保护性止损价，以便在不增加风险的前提下锁定尽可能多的收益。当趋势结束、股价反转时，跟踪止损单被执行，大部分利润落入了我们的口袋。

当我们的持仓处于抛物线的上升阶段时，运用跟踪止损策略具有优势。此时股价像火箭一样蹿升，所有的常识都变得无意义了，大多数指标都无用武之地了，因为它们都具有滞后性，都未曾考虑到价格的突然上涨。

在哪里设置跟踪止损价

对于跟踪趋势的交易者而言，跟踪止损价的位置至关重要，因为随着交易的发展，它成了我们监测的主要对象。如果我们持仓的时间达到了数周或数月，而且观察股价的走势时发现，股价从跟踪止损点处发生了反转，那么我们很可能会调整止损价。因此，我们必须对选定的止损价的位置感到百分百满意。

这与我们对洗盘或滞后策略的偏爱直接相关，我们又回到了**"两大选择"**的话题了。当止损价离当前价格较近时，它更有可能被触发并产生震荡；当止损价离当前价格较远时，交易者有更多的时间谋划交易，但这会导致持仓规模变小，利润减少。

微调保护性止损价

多年来，我一直在探寻保护性止损价的位置，想确认能获得最大利润的最佳止损价水平。当我系统性地审视了所有交易、计算了各种止损价位的利润和损失时，我发现了比止损价位更重要的东西。

由于我停止监测备选名单中的股票并开始追逐其他股票，我经常在洗盘后错过重新入场的机会，因此错失了很多交易良机，由此导致我损失了

● CHAPTER 12 / 第 12 章

15%或20%的潜在利润，但微调止损价水平也只能增加1%～2%的利润。

　　玛丽才不在乎帕特里克对她的爱是增加了1.2%还是2.2%呢，钻数字的牛角尖完全没有意义。同样，在交易中盈利需要你花费时间、保守、忍耐、精进、平静和智慧，而不是微调止损价。

Way of the Trader

第三部分

交易策略

第13章

策略：缺陷美

鲜有钻石是完美的，它们被开采出来时，内部都是有瑕疵的，经销商把这些瑕疵标记为"内含物"（inclusions），而珠宝零售商则对顾客称，它们是钻石的"独有特征"。像钻石一样，所有的交易策略都有其独有特征，要想交易成功，我们就必须接受这些特征。

经验丰富的交易者知道，让可盈利的交易策略变得完美的恰恰是它的"缺陷"。如果一项策略始终有效，那么每个人都会运用它，它就不会使交易者获利了。如果它在大部分时间里有效，而且其独有特征使大多数交易者感到沮丧，那么它就是一个完美的策略。

钻石只有在切割和抛光后才能熠熠生辉，这需要技巧。在接下来的章节里，我将分享三种过去能使交易者获利、如今仍能使交易者获利的交易策略。运用这些策略并不能保证你百分百获利，能保证百分百获利的策略根本就不存在。然而，如果你打算运用能持续提供盈利机会的策略，那么你正好可以借它们练练手。

信号和触发

我们在"**四条腿：成功交易者具备的属性**"中指出，在一系列信号出

● CHAPTER 13 / 第 13 章

现之前（如同密码锁上的码盘），切勿进入交易。在下面的策略中，我们将看到当需要的信号出现时，触发是如何实现的以及我们将如何行动，这可能是我们自行决定或者以机械的方法决定进入或退出交易的过程。

回测结果

　　一些人不停地吹嘘他们运用的交易策略，而且常常炫耀他们开着跑车兜风的照片。他们声称，自己利用交易策略赚得盆满钵满，但他们从未为这些难以琢磨的策略提供过回测数据。大多数策略都有一定的弹性，卖方可拿适合其条件的交易说事，而且通常是在事后。

　　根据我的经验，最出色的交易者运用的策略不会超过五六种，通常情况下只运用两三种。下面我将介绍两种可机械地遵循的策略，我对它们都进行了全面的回测，你可以酌情运用。

第 14 章

潮汐策略

简介

潮汐策略是一种可机械遵循的、仅可以做多的月趋势跟踪策略，也就是说，在行情上涨的时候做多，在行情下跌的时候离场。在发达且监管完善的任何大型股市中都可运用这一策略，因为在这些市场中，交易者可运用成本低、流动性高的ETF跟踪多元化的指数。

这种策略近乎于投资策略，但我仍把它视为交易策略，因为运用这种策略时，我们是根据技术指标而非市场基本面信息做出进入和退出决策的。对于新手而言，这也是他们踏上交易之路的绝佳途径。

SPY

道富环球投资顾问公司（State Street Global Advisors）发行的SPDR标准普尔500指数ETF（纽约证券交易所代码：SPY）可能是市场上最著名的ETF了，它已在市场上存在约四分之一世纪的时间了。[①]该基金密切追踪标准普尔500指数的表现，其成分股与标准普尔500指数的相同。通常情况下，它是美国股市上最活跃的交易工具，流动性不存在任何问题。

---

① 参见网址：us.spdrs.com/en/ etf/spdr-sp-500-etf-SPY。

其他追踪标准普尔500指数的知名ETF包括：

- iShares（纽约证券交易所代码：IVV），参见网址：www.ishares.com/us/literature/fact-sheet/ivv-ishares-core-s-p-500-etf-fund-fact-sheet-en-us.pdf。

- 先锋（Vanguard，纽约证券交易所代码：VOO），参见网址：institutional.vanguard.com/iippdf/pdfs/FS968R.pdf。

我以SPY为例演示潮汐策略的运用，因为该基金的历史数据最为丰富，当然，我们也可以使用费率较低的其他任何标准普尔500指数ETF。根据道富公司的介绍，SPY"力求提供这样的投资结果：扣除费用前的价格和收益与标准普尔500指数的大体相当"。

在1993年以前，小额账户的个体交易者和投资者无法通过廉价基金直接购买如此多样化的股票投资组合，但现在，得益于ETF的存在，人人皆可购买了。

指标

该策略非常简单，因为我们只根据月蜡烛图（或价格柱）和平滑异同移动平均线直方图（MACD-H）释放的信号采取行动。

月蜡烛图（K线图）

我们运用半对数刻度绘制SPY的蜡烛图。"半对数"衡量的是价格百分比的变化，而"线性"衡量的是绝对价格的变化。随着时间的推移，价格的变化幅度可能很大，运用半对数刻度的月蜡烛图能更确切地反映事实。

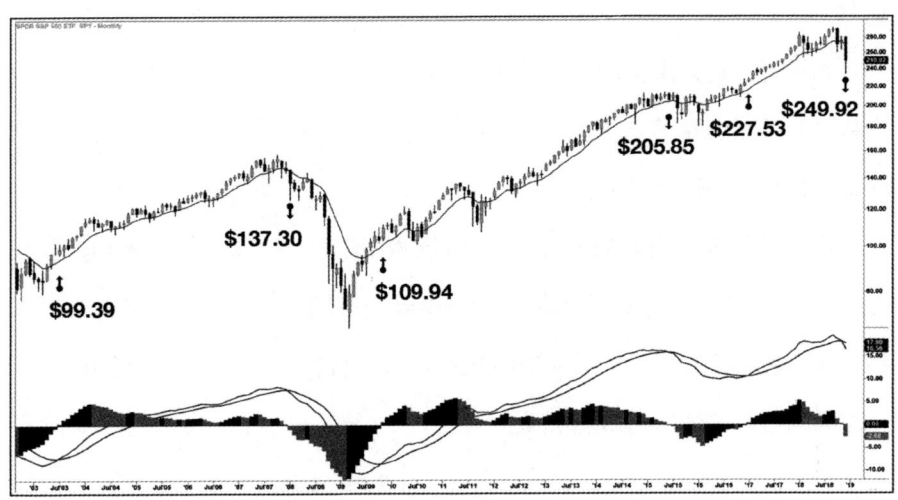

图37　SPDR标准普尔500指数ETF（纽约证券交易所代码：SPY）月图表（2002—2018年）：潮汐策略

平滑异同移动平均线直方图[①]

这是一个很棒的工具，它兼具动量指标和振荡指标的属性，MACD-H显示的是两条指数移动平均线和它们与9期指数移动平均线的关系的柱状图（直方图）。

我们在蜡烛图下绘制出MACD-H，它能向我们提供重要的信号。MACD-H最常见的期数设置是12、26、9，但在SPY的月图表中，我发现18和36期的移动平均线能实现洗盘和滞后之间的平衡。止损价与当前价格的距离适中时，止损单不会被短期的修正所触发，同时又能对熊市快速做出反应。

---

① 杰拉尔德·阿佩尔，《积极投资者的技术分析工具》（*Technical Analysis Power Tools for Active Investors*），金融时报出版社（Financial Times Prentice-Hall），2005年出版，ISBN 0-13-147902-4。

● CHAPTER 14 / 第 14 章

信号

如果当月直方图上的柱线位于该月最后一个交易日的0线之上，那么我们将建仓（或持有多头头寸）。如果柱线位于0线以下，我们将平仓或持有现金，操作就是这么简单！

我们必须等到当月的最后一天才能做出决定。结算账户余额和计算投资绩效时，月蜡烛图中的收盘价在图表中以一条确定的直线表示出来。此外，每三个月的最后一天与一个季度的最后一天重合，因此我们应等到所有的市场参与者都摊牌后再做出决策。

保护性止损

直方图上的0线就是我们的月度软止损价格线，我们不使用硬止损，因为SPY的流动性很强，而且市场在恢复最初的趋势之前可能出现回调和修正。

回测

回测一种策略很容易，回测交易者的思维及其数十年来持续地运用该策略的能力则完全是另一回事。尽管如此，我们仍能看出，这种策略在过去的55年里表现优异。

就回测期（1963年4月30日—2018年12月31日）的数据来看，1993年1月22日之后运用的是SPY数据，在此之前运用的是标普500现金指数数据（为了与SPY数据保持一致，对这些数据进行了调整）。在这55年里，市场几度出现了严重的下跌，但运用这一策略使交易者避免了最糟糕的结果，有时还获得了收益。

例如，1973年至1974年10月，标准普尔500指数从峰值跌至谷底，下跌幅度为49.92%；从2000年3月至2002年10月，该指数下跌了50.5%；而在2008

\	SPY（MACD-H信号）					
图表	进入日期	进入价格（美元）	退出日期	退出价格（美元）	月数	盈亏幅度（%）
指标	1963年4月30日	6.98	1965年7月30日	8.53	27	22.21
指标	1965年10月29日	9.24	1966年3月31日	8.92	5	−3.46
指标	1967年6月30日	9.06	1968年3月29日	9.02	9	−0.49
指标	1968年4月30日	9.87	1969年6月30日	9.77	14	−0.98
指标	1971年1月29日	9.59	1973年5月31日	10.50	28	9.46
指标	1975年5月30日	9.12	1977年5月31日	9.61	25	5.45
指标	1978年8月31日	10.33	1978年11月30日	9.47	3	−8.32
指标	1979年1月31日	9.99	1981年9月30日	11.62	32	16.26
指标	1982年11月30日	13.85	1984年4月30日	16.01	17	15.53
指标	1985年1月31日	17.96	1987年11月30日	23.03	34	28.21
指标	1989年4月28日	30.96	1990年4月30日	33.08	12	6.84
指标	1991年4月30日	37.54	1992年10月30日	41.87	18	11.54
指标	1992年11月30日	43.14	1994年2月28日	46.71	15	8.30
SPY	1995年4月28日	51.47	2000年5月31日	142.81	61	177.46
SPY	2003年7月31日	99.39	2008年1月31日	137.30	54	38.14
SPY	2009年11月9日	109.94	2015年6月15日	205.85	67	87.24
SPY	2017年1月31日	227.53	2018年12月31日	249.92	23	9.84
				均值	26	24.89

图38　潮汐策略回测结果表（1963—2018年）

年的股市大崩盘中，从2007年10月到2009年3月，该指数下跌了57.7%。在这三次大跌中，运用该策略的最大跌幅仅为8.32%。

持有现金最短的时间是一个月，在1968年和1992年共发生过2次，持有现金最长的时间超过了3年。另外，持仓最长的时间是五年半。巧合的是（或者也可能不是巧合），持仓的平均时长是26个月，持仓的平均收益率约为25%。

1987年11月的退出是由10月19日的黑色星期一触发的，当时市场下跌了34.2%。对运用这类策略的任何交易者而言，这段时期都是异常艰难的，但自1985年1月入场以后，运用这一策略的交易者获得了28.21%的收益。

● CHAPTER 14 / 第 14 章

1992年11月（英国的黑色星期三）至1994年2月也是特别难熬的时期。在0线附近经常有信号出现，但每次收盘价都在0线之上，直到1994年才出现了明确的离场信号。

1998年8月，俄罗斯货币贬值和债务违约几乎触发了一个信号，但9、10月份，直方图一直位于0线以上0.39个点，而且牛市又延续了两年。我清楚地记得当时市场上弥漫的悲观失望情绪，人们都在谈论全球金融秩序即将崩溃的问题。值得庆幸的是，资本主义虽濒临灭绝的边缘，但很快就恢复了元气，这一策略继续在牛市中发挥作用，在网络泡沫破裂之前，利用该策略的交易者获得了177.46%的利润。

股息和交易费用

SPY于2018年12月24日派发了0.613%的季度股息。[①]按复利计算，随着时间的推移，这将是一大笔资金。在理想的情况下，我们应在账户中保留充裕的资金，以备每月被扣款，而且我们每次交易的费用不应超过5美元。不论我们的头寸规模如何，股息都应当足以支付费用，但上述回测结果中不包括这些数据。

5月卖出吗

仔细观察一年当中出现信号的月份，我们会发现一些非同寻常的规律。我们是否应当像某些人建议的那样，"在五月份卖出股票离场"？1975年5月进场、两年后（也在5月份）离场的交易者获得了5.45%的收益，在1989年4月份的最后一天进场、一年后的同一天离场的交易者获得了6.84%的收益。

---
① 2018年12月24日SPY收盘价为234.34美元，2019年1月31日将支付1.435429美元的股息。

1991年4月,我们进场交易,18个月后,我们获得了11.54%的收益。在过去的55年里,最盈利的是4月进场、5月离场的交易。

SPY上市之前

自20世纪90年代SPY上市以来,市场经历了明确的牛市和熊市周期,平滑异同移动平均线在0线上下来回震荡。它们的变化与直方图的变化一一对应,因此提供了明确的触发信号。过去市场周期并不总是这么明显,而且平滑异同移动平均线有时会直接交叉,发出重新进场信号,而不是先落到0线以下。这样的信号往往出现在交易区间或牛市的最后阶段。

较长的回测期有助于我们更细致深入地探究此类信号。如果把相同的MACD-H设置应用于1927年1月(华尔街崩盘之前)的道琼斯工业平均指数(INDU)月走势图中,并且将标准普尔500指数和道琼斯工业平均指数的走势图迭放,我们会发现,在很长的时期内,道琼斯工业平均指数的变

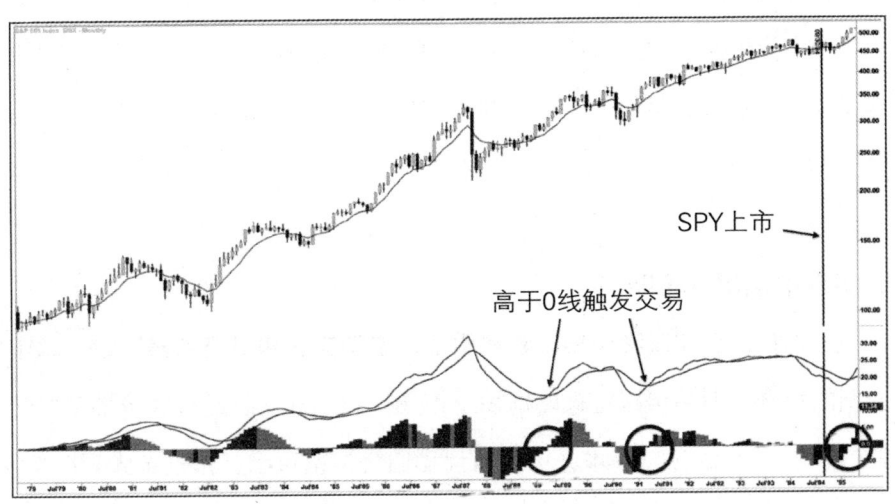

图39 标准普尔500指数(芝加哥商品交易所代码:$INX)图表:
直方图高于0线触发重新进场的交易

● CHAPTER 14 / 第 14 章

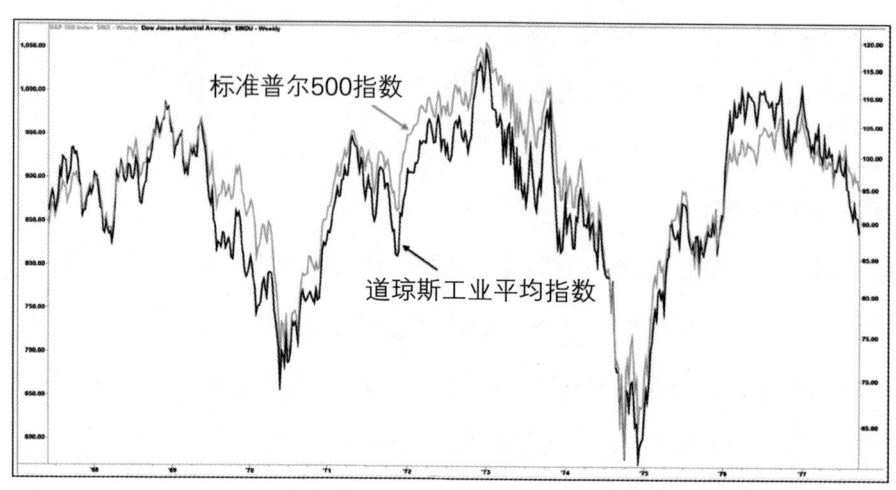

图40　道琼斯工业平均指数（$INDU）和标准普尔500指数（$INX）走势的重叠（1967—1977年）

化轨迹与标准普尔500指数的相似，而且这两个指数在几个月内就发出了彼此的信号。

从道琼斯工业平均指数的走势图来看，1927—1967年间，图上出现了另外六个"位于0线上方"的信号，它们释放的信息都是相同的。这类信号更容易让人回忆起20世纪90年代之前的市场周期，而且它们常常出现在交易区间内。

在实践中运用该策略

正如我们在"三种风格：趋势跟踪、波动交易和日交内易"这一章中介绍的那样，月趋势跟踪策略滞后于市场。我们几乎总是在经济形势好转的信息变得人尽皆知后才进场，而且我们会觉得自己已错过了大好时机。同样，我们可能在市场开始回落，甚至完全陷入了熊市之后才离场。后一种情况下，我们往往会萌生快速清仓、在收到信号之前采取行动的想法。

通常情况下，新闻报道的内容与MACD-H信号的提示完全相反。当我们得到退出信号时，经济形势可能一片大好，市场正在"屡创新高"；另一面，当我们收到进入信号时，一些知名公司破产的消息已经震惊了世人。

评论员喜欢确认变盘的关键时刻，但变盘时背后的形势可能早已发生了变化，备受瞩目的事件只不过是最后一根稻草、是每个人都能接受的显而易见的借口而已。每一次触发都伴随着一个以前未曾发生过的事件，但市场的反应总是相同的。请记住，我们要根据市场对事件的反应而不是事件本身进行交易，事件本身几乎无关紧要。

很多时候，就在该策略诱发我们清仓离场之后，市场实现了反转，恢复了之前的趋势。之所以发生这种情形是因为，人们很快遗忘了事件的最初影响，他们的贪婪情绪恢复如初，这种情绪依然推动市场前行。此时我们决不能泄气，因为最强劲的牛市也会出现回落，市场可能在月中发出回落信号，但在月底之前恢复牛市行情，之后继续上行。

忍耐和保守

临近月底而且策略已经启动时，我们是应该坚守规则到最后，还是尽早采取行动？

要回答这个问题，我们需要参考"**两大选择：保持简单**"这一章的内容。如果我们采取更积极的方法，在MACD-H发出确认信号之前采取行动，那么，我们可能在一个月后不得不反转订单。另一面，如果我们等待两个连续的信号出现才采取行动，那么我们必须经历更大幅度的下跌才能实现。

如果我们倾向于在信号出现之前采取行动，那么很可能会调整之前的设定并加以遵循，但我们坚持新设定的可能性有多大？不要动摇这些设定，而是要花时间查看其他指标，它们能提示我们市场可能的走向。

● CHAPTER 14 / 第 14 章

根据收盘价计算的10期指数平滑异同平均值（10EMAC）。

10期EMAC线消除了月度价格行为的波动性，而且我们注意到，当10EMAC线上升时，蜡烛图往往位于其上方，当10EMAC线下降时，蜡烛图往往位于其下方。当价格收于10EMAC线上或下时，趋势得到确认，而且它通常比MACD-H早几个月释放趋势反转的信号。

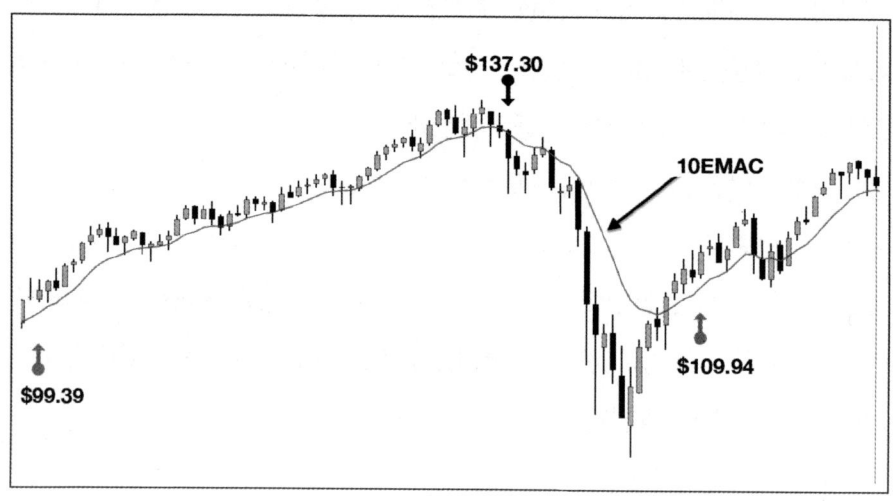

图41　10期指数平滑异同平均线特写

当有至少一半的蜡烛位于10EMAC线的一侧（取决于我们是进入还是退出）并且价格收于该线的同一侧时，积极的交易者会捕捉到这些早期的信号。但是，他们要注意，在趋势恢复之前的盘整阶段，10EMAC线也可能从蜡烛中间穿过。对于谨慎的交易者而言，诱发他们采取行动的永远都是直方图上的柱子相对于0线的位置——10EMAC是重要的参考指标，但MACD-H是决定性的指标。

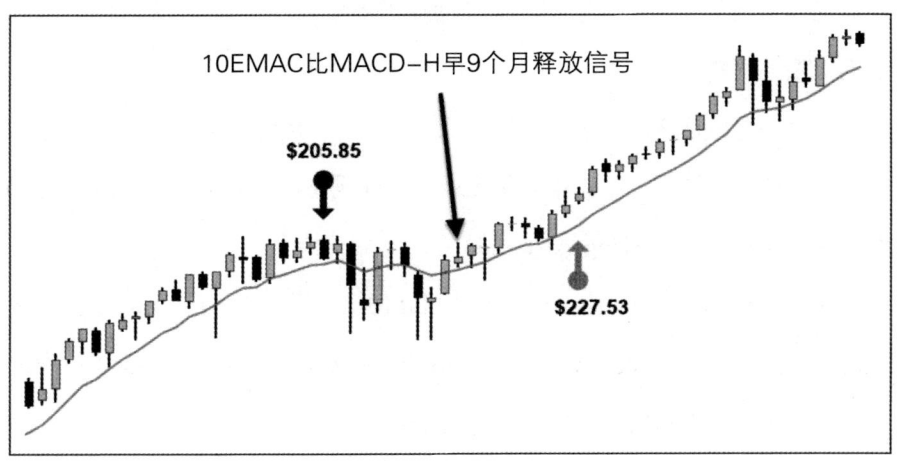

图42　运用10EMAC积极地重新入场

高于50日移动平均线的股票交易。

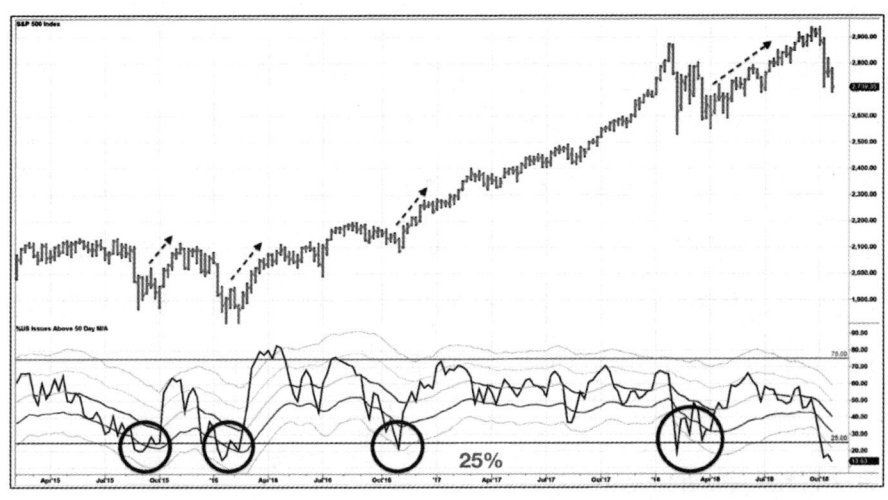

图43　标准普尔500指数（芝加哥期权交易所代码：$SPX.X）的周图表和高于50日移动平均线的美国股票交易比例

当我们从周图表上审视高于50日简单移动平均线的股票交易比例时，我们对市场有了另一种看法。当这一比例高于75%时，说明股市处于超买状态。通常情况下，股市会在这一点盘整一段时间以消化近期的涨幅，然后继续走高或反转。

当这一比例低于25%时，股市处于超卖状态，反弹即将开启。超卖信号特别适合用来确认回调（从峰值跌落5%以上）或修正（从峰值跌落10%以上）结束时的卖盘枯竭（selling exhaustion）。

除了这些水平线之外，该指标的ATR通道也非常有用。我们可利用最低的ATR线确认回调的结束，当这条ATR线也低于25%的水平线时，股市从这一水平反弹的可能性非常高。

利率收益曲线[①]

从历史上看，利率与股票价格之间存在很强的相关性。从理论上讲，利率上升时，股价下跌，反之亦然。由简单的逻辑可知，长期债务的利率（收益率）应高于短期利率，因为时间越长，债务违约的风险就越高，持有长期政府债券的投资者都想获得更高的风险溢价。但有时候会出现收益率曲线倒挂的现象，即短期利率高于长期利率。这种现象之所以会发生是因为，经济繁荣期间，为了抑制通胀，短期利率提高，而投资者预期经济将下行，因此大量囤积长期债券，长期债务需求增加，进而导致长期收益率下降。过去，在熊市出现以前，美国国债就会出现这种情况。

潮汐策略与被动交易策略

在2013年致伯克希尔·哈撒韦公司（Berkshire Hathaway）股东的信[②]中，

[①] 引自投资百科全书（Investopedia），"收益率曲线解释"（Yield Curve Explained），参见网址：www.investopedia.com/terms/y/yieldcurve.asp。

[②] 沃伦·巴菲特，伯克希尔·哈撒韦公司主席，2013年致股东的信，参见网址：www.berkshirehathaway.com/letters/2013ltr.pdf。

沃伦·巴菲特分享了他给受托人的建议，他写道：

"将10%的现金投资于政府短期债券，将90%的现金投资于成本极低的标准普尔500指数基金（我建议投资先锋集团的）"。我相信，从长期来看，运用这种策略的受托人的绩效要优于大多数投资者的——无论是养老金、机构投资者还是个人，这些投资者都高薪聘请了经理人。"

巴菲特认为，若满仓经历整个熊市，随着时间的流逝，被动的"买入并持有"交易策略比潮汐策略效果好。之所以会出现这样的结果是因为，运用**潮汐策略**时，股市达到最高点后，交易者的退出具有滞后性，因此会遭受损失，而且交易者会错失股市从底部反弹的机会。运用**潮汐策略**可在三年、四年和五年的时间里获得收益。如果我们想在更长的时期内投资，那么我们可以考虑巴菲特的建议。

提取现金

市场并非资本主义的圣地，如果是的话，我们的资金会一直增值，我们永远也不想拿回它。但有时我们需要从股市里拿回资金，而且拿回的时机非常重要。股市崩盘时，其影响会向社会扩散，我们生活的方方面面都会遭到波及。如果我们不是全职的交易者，我们可能会失业，或者家庭成员可能需要帮助。运用这一策略时，我们可在熊市最严重的时候提取现金，并利用这些现金渡过难关。

杠杆ETFs

想获得更高的回报并愿意承担更大风险的交易者运用这一策略时，可能考虑诸如SSO的杠杆基金（稍后我们会详述）。由于当前的历史数据不充分，我们无法对这类ETF进行回测，但在2009年以来的两次触发中，SSO的

● CHAPTER 14 / 第 14 章

回报率是SPY的二倍以上。

结论

运用这一策略时，我们最难做到的是什么都不做。当"逐险"触发信号已被激活了一段时间（尤其是在经济繁荣时期）时，我们觉得自己应该把资金投到其他资产中去。另一方面，当我们处于"避险"模式并坐拥现金时，我们会持续地预测市场底部，并渴望重新进场。

每当我向新手分享此策略时，他们总是问："既然这种方法如此简单，而且几乎可以保证获利，那为什么还有人不使用它呢？"答案就如这一策略本身一样简单，因为大多数人都缺乏自律和耐心！

第 15 章

王尔德策略

简介

我喜欢的另一种策略的灵感来自奥斯卡·王尔德（Oscar Wilde）的这句话：身在井隅，心向璀璨。

这是一种可便宜行事的周趋势跟踪策略，运用这种策略时，我们寻找的是那些陷入困境的失宠高增长股。

导致股票陷入困境的原因有很多，但一旦股票陷入了困境，原因就变得无关紧要了，公司现在要做的是适应新现实。许多股东已经忍痛割爱了，少数持有股票的股东也不抱什么希望了，他们把股权证书放在了最底层的抽屉里。

"井隅"里的生活

这些陷入困境的股票就像家道中落的富裕世家，他们没有现金流，但通常拥有宝贵的资产，而且他们非常相信这些资产的价值。他们认为他们拥有无价之宝，终有一天，他们会重振旗鼓，东山再起。他们家族的名头很响亮，因此不需要创建品牌。他们现在的声誉可能不怎么样，但也没有差到不可挽回的地步。

● CHAPTER 15 / 第15章

一旦习惯了井隅里的氛围和周围的邻居，你就会乐不思蜀，因此走出这里需要付出极大的努力。股票也一样，随着管理层（留下来的人）进行重组，股价开始筑底。逐渐地，股价稳定在了由阻力位和支撑位形成的交易区域内。

这些改变事关公司的成败，最终的结果不外乎三种：一种是公司破产并退市，一种是公司重组，恢复元气，还有一种是公司被接管。新的资金喜欢追逐声望高、社会流动性强的投资工具，因此陷入困境的股票对它们非常有吸引力。同时，股票也会努力突破交易区，但这样的突破通常不会持久，价格会再次跌落。此时，我们还呆在场内。

不断攀升

这些试图突破阻力位的动作可能突然而猛烈，股价可能在很短的时间内跳涨至更高的水平，但我们绝不能被这些假突破所诱惑。我们应该等到股价从下方击穿交易区间的上方阻力位，并在更高的价位得到支撑后再采取行动。此时，新趋势的第一个较高的最低价应该形成，这说明复苏已正式开始，我们走出了井隅，正向璀璨迈进。

这种策略的进入信号不像"潮汐策略"那么明显直接，我们主要看陷入困境的股票的上阻力区在股价突破后是否变成了支撑区，而且这些价位都是有弹性的。除此之外，股价可能不会在一两周内出现明确的大跌后反弹，而是会出现混乱的多价格柱大跌后反弹。因此，自主性强的交易者更喜欢这种策略。只有经受住了来势汹汹的空头的第一次猛烈袭击且股价不重回谷底时，这种交易才是有效的。事实上，这意味着我们会错失股价变化带来的部分机遇，因为我们要等到股票在支撑/阻力区之上形成第一个较高的最低价时才进入。

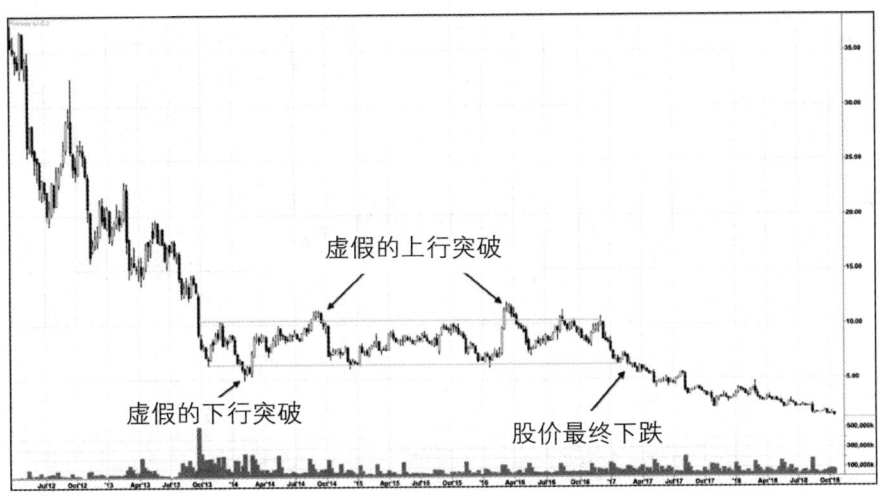

图44 杰西潘尼（J.C.PENNY）股票（纽约证券交易所代码：JCP）
周K线图：股价最终下跌前的虚假上行突破

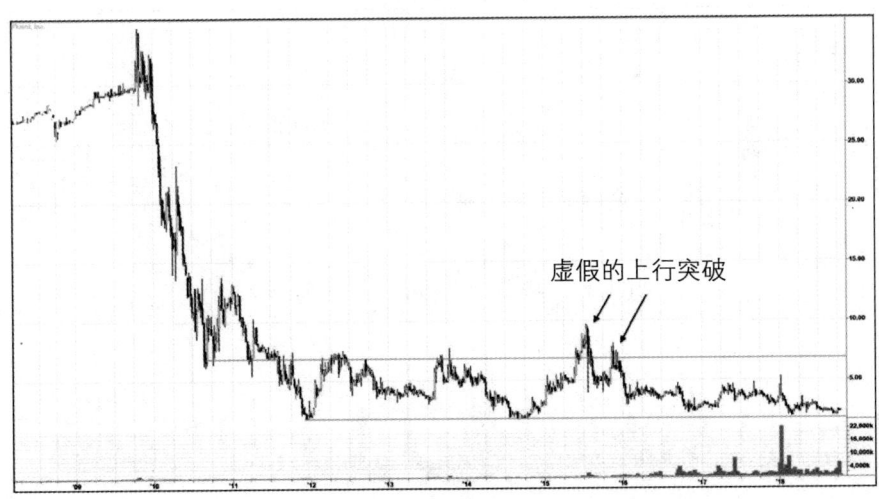

图45 福伦特公司（FLUENT）股票（纳斯达克交易代码：FLNT）周K线图：
股价重新陷入困境之前的虚假上行突破

CHAPTER 15 / 第 15 章

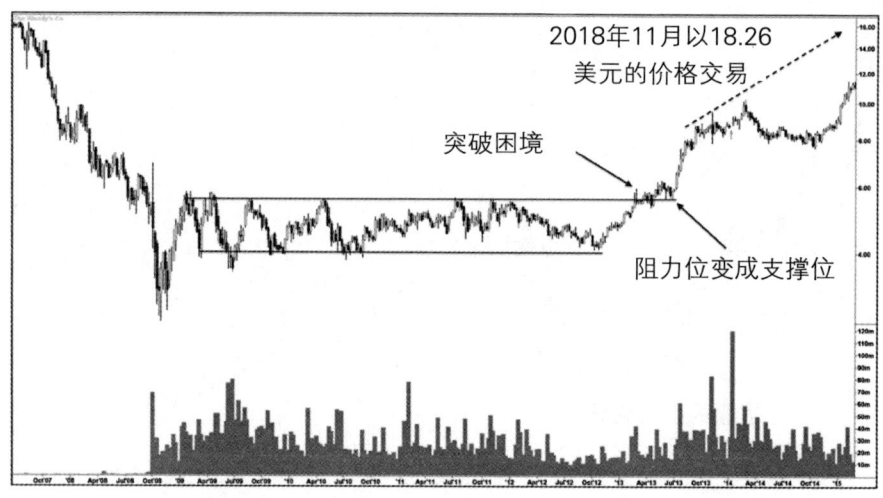

图46　温迪国际快餐连锁集团（WENDY'S）股票
（纽约证券交易所：TWTR）周K线图：真正的突破和新的上行趋势

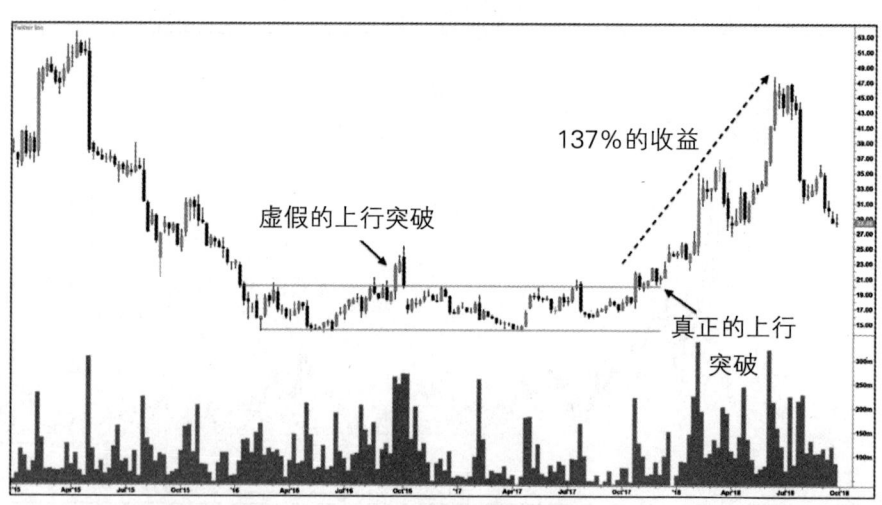

图47　推特（TWITTER）股票（纽约证券交易所代码：TWTR）
周K线图：真正的突破和上行趋势

盈余公告

公司好转时，其股价的长期趋势会逐渐形成，此时我们要运用王尔德策略从中获利，以跟踪止损价来管理这种新趋势（如果趋势已形成）。我们也会在盈余公告期间持有股票，因此如果我们采用的是更加谨慎的交易风格，那么我们可以在盈余公告发布之前减仓。

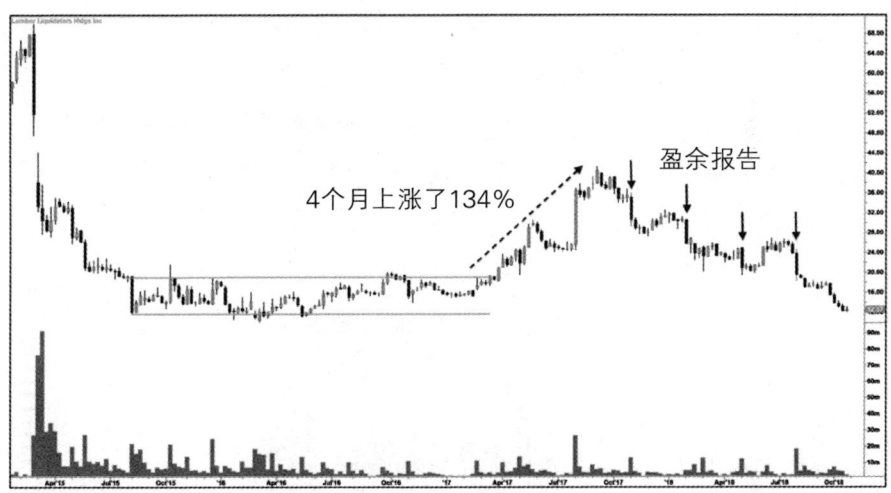

图48　林木宝公司（LUMBER LIQUIDATORS）股票（纽交所代码：LL）突破了困境，但令人失望的利润率使股价大跌

现在，盈余公告对股东和交易产生的影响更大了，因为最近的价格上涨是交易者的高期望推动的，而且投资者都想获得实实在在的利润。当结果不尽如人意时，失望情绪会导致股价下跌，甚至能使股价重回低谷。

股票筛查

我们可以通过几种方式找到适合王尔德交易策略的股票，从基本面信息开始筛查就是很好的做法。某公司内部可能一直存在问题，或者有关某公司的消息接连登上了头版头条，读来令人瞠目结舌。要生存下去就得进行自我改造的衰落行业是另一个可能的选择，任何表明企业陷入困境的信息都可作为你的筛查依据。

经过一番筛查后，我们列出目前仍处于下跌趋势的股票的名单，如果某些股票的市值、利润和流动性数据都很不错，那么这说明它们仍有起死回生的机会，我们应把它们列到适合王尔德策略的备选股名单中。

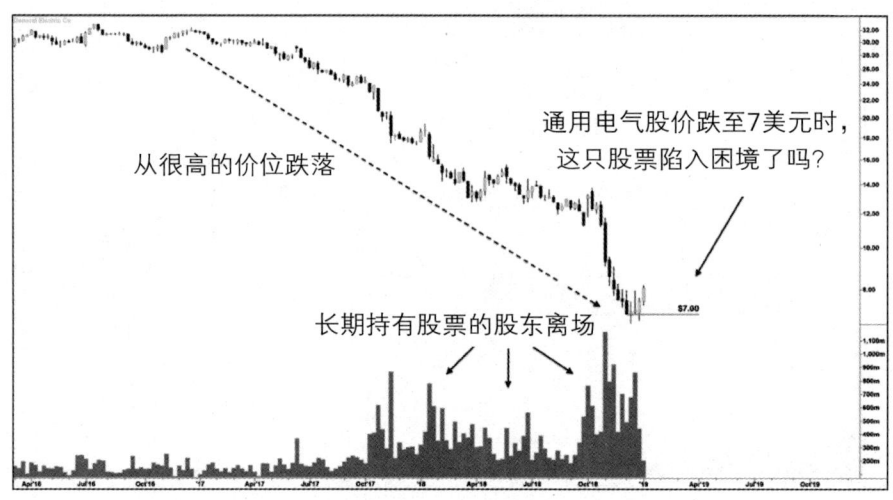

图49 通用电气公司股票
（GENERAL ELECTRIC，纽交所代码：GE）周K线图

从技术角度看，由于我们正在寻找的是从高位下跌后触底反弹的股票，因此我们可以留意短期移动平均线穿过长期移动平均线的股票。寻找适合王尔德策略的股票的另一种方法是，观察一年来多次触底后首次创新高的股票。当股票反弹且突破了"井隅"的上界时，它就是我们要找的对象。

一览无遗

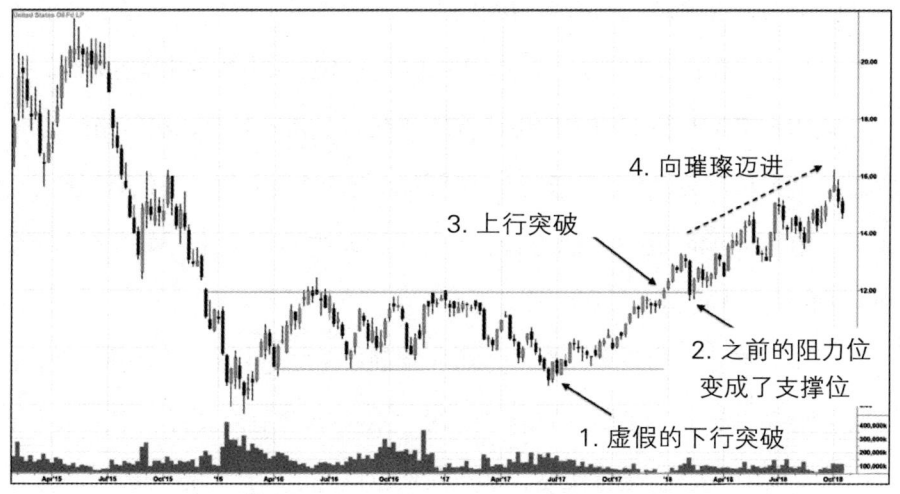

图50　美国石油指数基金（UNITED STATES OIL FUND，纽交所代码：USO）周K线图：突破模式和新趋势

有时候，我们不必为了王尔德策略审视大量的股票，因为我们从主要的指数或商品的交易情况就能看出端倪。例如，2017年6月的美国石油指数ETF就是适合王尔德交易策略的范例，当时它从很低的价格反弹，7个月后突破交易区上界，随后这一价位变成了支撑位。这一例子证实，王尔德策略对石油领域的股票交易是有效的。到了2018年10月，美国石油指数基金的价格较6月份的最低价上涨了87%。

讨论

成功地运用王尔德策略需要交易者具有极大的耐心，交易者可能需要历经数月才能确认股票陷入了多么严重的困境。同时，较小的（短期）阻力和支撑位的存在可能导致股价在低位震荡。我们需要耐心地观察这些变化，但所有等待都是值得的。如果这些股票成功地脱离了困境，那么它们将迎来长期的上涨行情，我们也会从中获得惊人的收益。

如果股票成功地脱离困境后我们仍难以运用王尔德策略，那么一个好的诀窍是：远离新闻的干扰，在图表中去掉价格柱，只留下跟踪止损价。

运用该策略时我们面临的挑战首先是找到适宜的股票，然后是耐心地监测备选名单上的股票。许多备选股票永远无法恢复元气，我们必须放手。此外，在数年的时间里，标志着股票陷入困境的价格水平可能存在差异，而我们可能只确认了其中的一个。

对于我们认定的股票，交易方法非常简单：如果我们想运用滞后跟踪止损策略，那么我们可以在周图表中的 −1 倍 ATR 通道处设置跟踪止损价；如果我们想运用洗盘止损策略，那么我们可以在前一周价格柱最低价之下的 −1.75 倍 ATR 处设置止损价。

第 16 章

助涨策略

简介

  助涨策略旨在根据过去一个月内创出新高和新低的股票捕捉短期的市场反弹和后续的上涨趋势。运用这种策略时交易者必须筛选股票。它是一种可机械地遵循的策略，能提供清晰的进场和离场信号。这种策略很适合兼职交易者，他们每天下午收盘前查看一下市场数据即可。

  这种策略的灵感来自网站SpikeTrade.com，网站的创建人亚历山大和克里自12年前就开始整理美国股市创出新高和新低股票的数据，他们的网站就是以回调或者修正结束后市场反弹时出现的数据峰值命名的。

新高—新低（NHNL）

  NHNL被视为"市场广度"（market breadth）指标，因为它是通过计算给定时间段内创出（或重复）新高和新低的股票的数量来衡量股市的波动幅度范围的。运用这一指标进行的分析涉及面很广，因为它考虑到了所有股票的报价，而不管它们的市值如何。

  SpikeTrade的研究人员开发了各种指标来分析新高新低数据，并据此确定了美国股市在不同时段内的反弹水平。他们的分析结果给我留下了深刻的影响，因此我详细地探查了新高新低数据。我特别想确认其他大型国际证券交易所的信号水平，但我很快意识到，要实现目标，我需要一个多语言指标，因为每个市场都有自己的语言，而且各个市场上市公司的数量也不尽相同。[1]

HELP指标

我的解决方案是运用一套技术指标衡量创新高的股票数量与创新低的股票数量的差额占所有被监测股票的百分比，或者"创新高股票超过创新低股票的百分比"（highs exceeding lows per cent，HELP）。我们可以用这一指标分析在一个交易所上市的所有股票，也可以分析一个指数的成分股或某一板块的股票。我们可以对该指标运用加权法，也可以根据需要创建不同的NHNL分析组合。最重要的是，它们适用于所有的时间段和所有的大型股市。

HELP指标也可以释放做多和做空的交易信号，尤其是当指数和HELP指标背离时。总之，我认为HELP指标是交易者可运用的最可靠、最准确的市场先行指标。

三大通道

运用这种策略时，我们将以两个基本的HELP指标释放做多的日波动交易信号，这类交易含有趋势跟踪的元素。美国市场的新高新低数据是现成

---

[1] 根据世界交易所联合会的数据，不同交易所内上市公司的数量差异很大。例如，2018年7月，在孟买证券交易所上市的印度公司的数量最多，达到了5080家，但只有一家是外国公司。而在贝鲁特证券交易所上市的公司仅有十来家。

的，因此我们以美国证券交易所、纽约证券交易所和纳斯达克证券交易所①的股票为例进行说明。

我们在日图表中绘制出了三种水平通道：

1. 在最上方绘制显示出价格柱或蜡烛的"价格通道"和ATR通道；
2. 在中间我们以新高新低数据为基础绘制出"助长通道"；
3. 在下方我们绘制"波动性通道"。

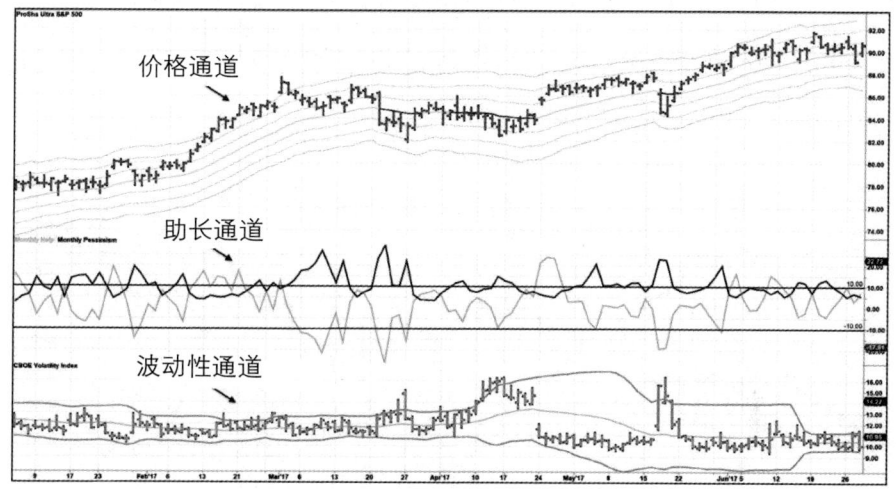

图51　助涨策略：三大通道

每种通道都从不同的视角审视了市场，我们可从每种通道中得到两个信号。当六个信号同时出现时，我们进行交易。

现在我们深入探讨这三种通道。

---

① 不包括交易所交易基金、股权认证股票、优先股、封闭式基金、单位投资信托基金、非标准工业分类股、场外电子报价交易系统和其他场外交易市场。

价格通道

为了运用助涨策略，我们需要一个能密切追踪美国市场走势且能衡量安全性和流动性的工具。迷你标普500期货很适合这种策略，但兼职交易者更容易接触到杠杆类ETF，因此我们以它们中的一个为例进行说明。

ProShares Ultra 标准普尔500指数基金（纽交所代码：SSO）[1]的净资产为20亿美元，于2006年6月19日发行。该基金除了持有标准普尔500指数的成分股外，为实现2倍的杠杆，还持有掉期合约和迷你期货合约。UltraPro标准普尔500指数杠杆基金（纽交所代码：UPRO）于2009年6月23日发行，目前净资产为10.7亿美元，是3倍杠杆基金。

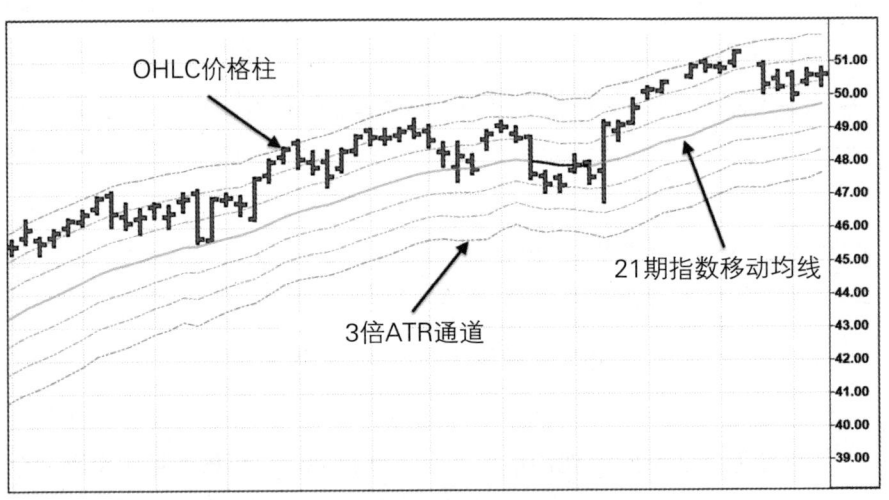

图52　ATR通道、OHLC柱和价格通道

我们应该选择合适的杠杆和流动性水平，并运用OHLC柱绘制出相应指数基金的日图表，在此基础上，绘制出21日指数移动均线的3倍ATR通道。

---

[1] ProShares网站，于2018年12月31日访问。SSO：www.proshares.com/funds/sso.html。UPRO：www.proshares.com/funds/upro.html。

奉行"海龟交易法则"的人会使用20日指数移动平均线,但运用助涨策略时,20日指数移动均线和21日指数移动均线的差别可忽略不计。

助长通道

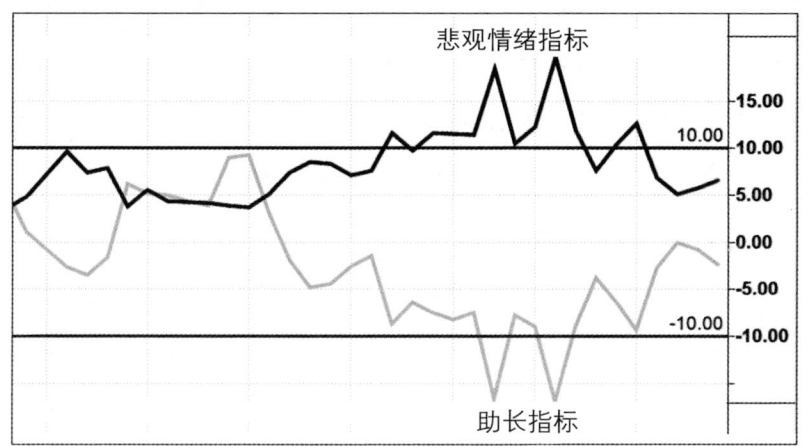

图53　助长通道特写

NHNL分析中最常见的时间设置是52周,但这里研究的是日波动交易,因此以20天作为一个月的窗口期更为合适。在10%和-10%处绘制两条水平线即可得到助长通道,这些水平线将提供交易信号。接下来,我们运用月度NHNL数据计算出两个指标并把它们标示在图中。

助长指标:我们计算出创下或重复20天内新高的股票的数量和创下20天内新低的股票的数量,然后用前一个数字减去后一个数字,计算出该结果占所有被监测股票的百分比。

助长指标衡量的是创新高的股票数量与创新低的股票数量的差额。根据这一指标,交易价格为850美元、成交量为500万股的创新高的股票与以0.50美分成交、平均成交量为18000的创新低的股票一样重要。由于这两只股票在助长指标的计算中彼此抵消（创新高者减去创新低者），因此42.5亿美元的风险转移与9000美元的风险转移的效果是一样的。

这种计算方法与加权指数的计算方法完全相反，因为它不考虑市值。我认为助长指标之所以有效是因为，大多数投资者和交易者在选股时也不考虑市值：他们关注的是价格行为或其背后的故事。

悲观情绪指标：这是助长通道中显示的第二个指标，它是根据创出新低的股票计算的，不考虑创出新高的股票。我们以创出新低的股票的数量除以股票总数量，然后将所得结果以百分比的形式标示在图中。

波动性通道

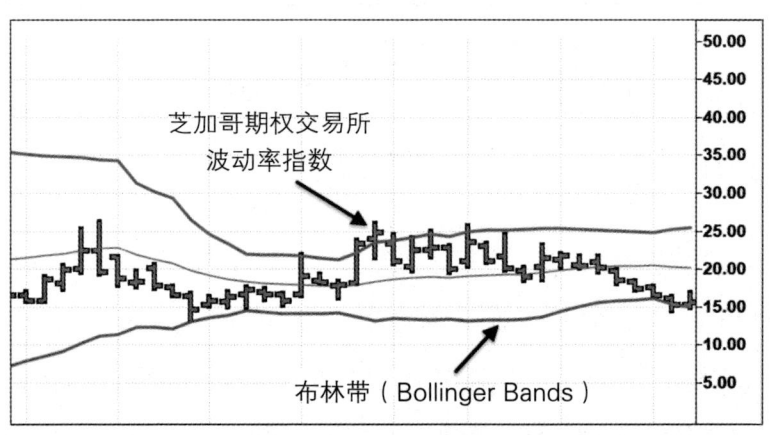

图54　波动性通道特写

恐慌指标：最后我们用OHLC价格柱绘制出芝加哥期权交易所波动率指数（VIX），并绘制出它的标准20期布林带。交易者监测波动性指数的方法有很多，但最简单、最有效的方法是加利福尼亚州一位经验丰富的交易者分享的，他的名字叫格兰特·库克（Grant Cooke），是SpikeTrade的会员。

芝加哥期权交易所波动率指数是根据30天的期权定价计算出的隐含波

动率，人们通常把它称为"华尔街的恐慌指标"，但事实上，它衡量的是波动的市场成本——价格中隐含着这种预期。我们已在"**九大筛选因素：运用程序选定拟交易的股票**"这一章中讨论了波动性的重要性，在运用助涨交易策略时，我们从两个角度观察它。波动性通道中的芝加哥期权交易所波动率指数捕捉了市场对波动性的预期（隐含的），而波动性的结果（实际的）由价格通道中的ATR体现。

六大信号

我们需要六个确凿的信号来触发交易。记住这些信号的简单方法是记住这句话："价格（Price）助长了（Helps）悲观（Pessimism）和恐慌情绪（Panic）。"

1. 悲观情绪是其他所有因素依赖的主要信号，在该指标发出信号之前，切不可进行交易。它必须穿透通道线上轨（10%）至少一天，然后再回落到上轨之下。

该指标就像是市场上空头的心脏检测器，当它上下波动剧烈时，说明空头是活跃的，然而，当它突然落入助长通道并停留在其中轻微跳动时，空头就陷入了休眠状态。他们终将复苏，但现在，在市场上称雄的是多头。

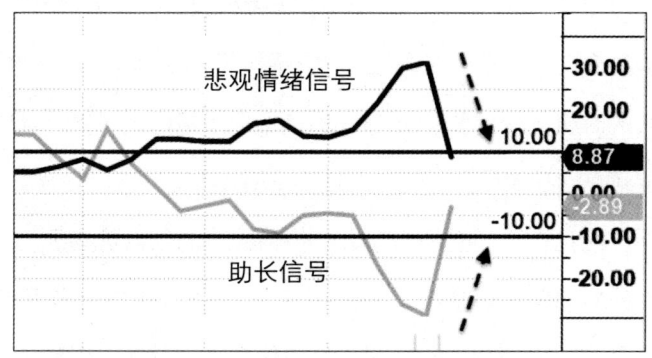

图55 关注悲观情绪和助长信号

2. 当助长指标穿透助长通道下轨（-10%）的下方至少一天并重回其上时，我们就得到了助长信号。

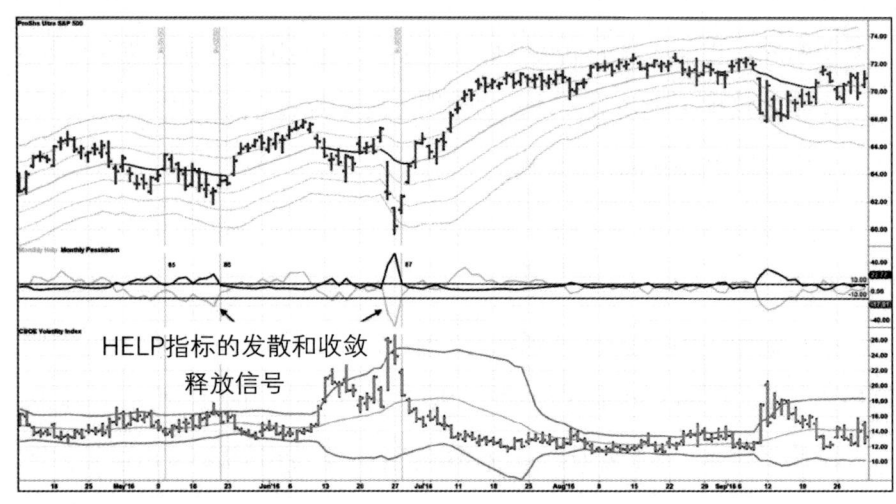

图56　HELP指标的发散和收敛

正常情况下，这两个指标在助长通道中看似随意地上下波动，但是，当交易良机到来时，它们会从相反的方向突破助长通道，之后再以完全对称的形式收敛。

3和4。接下来的两个信号要由**价格行为**释放，我们在"**十大工具技术指标和订单简介**"这一章中讨论过其重要性。记住，运用这一策略是为了把握市场反转的时机，因此我们要寻找的是形成了清晰的"V"字形态的价格柱。我们要确认过去5天里出现的大跌后反弹情形，最好是一两个价格柱的大跌后反弹，而且在我们交易的当天，价格柱上的收盘价必须高于开盘价。

5和6。最后的两个信号与恐慌情绪有关。首先，VIX必须穿透布林带的上轨，且收盘价回落到其下或者回落至中轨之下。其次，无论VIX柱在布林带中的位置如何，柱上的收盘价必须低于开盘价。

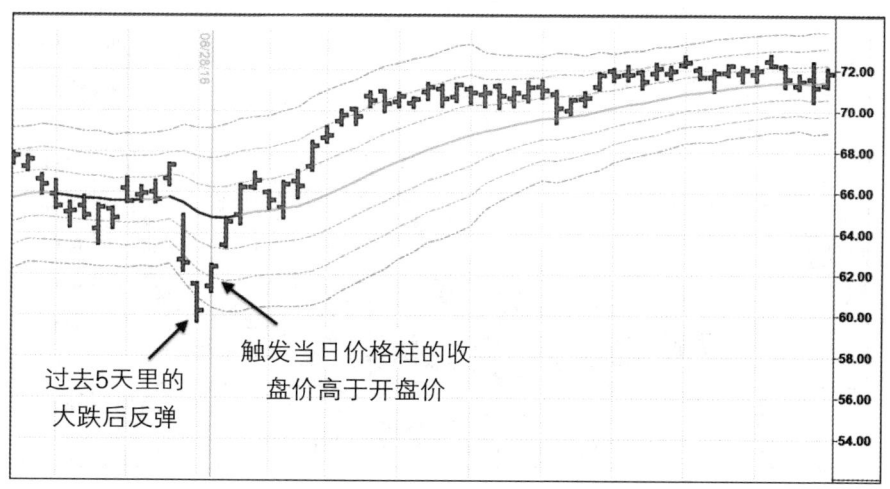

图57　价格行为信号特写

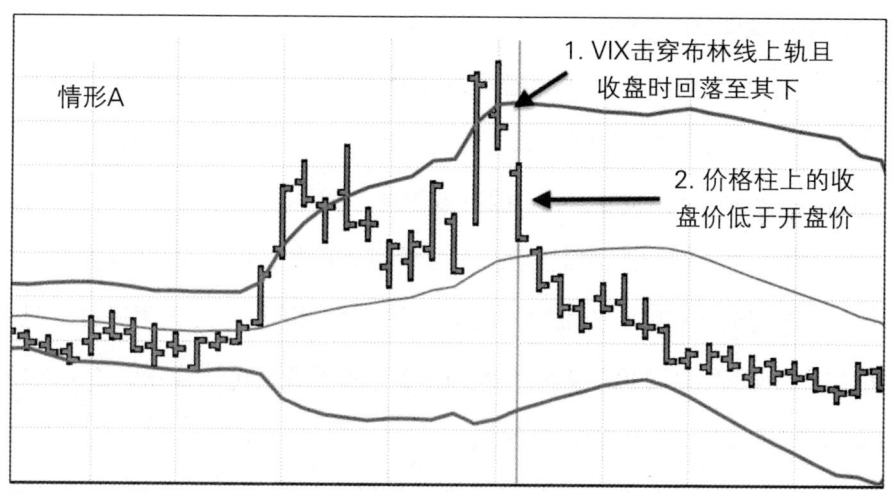

图58　情形A下的VIX信号

随着市场的起伏，布林带就像波纹管一样在VIX周围扩张和收缩。通常情况下，当波动性长期处于低位时，布林带就会收窄，此时即使VIX发生轻微的变化，两个恐慌信号也会出现。

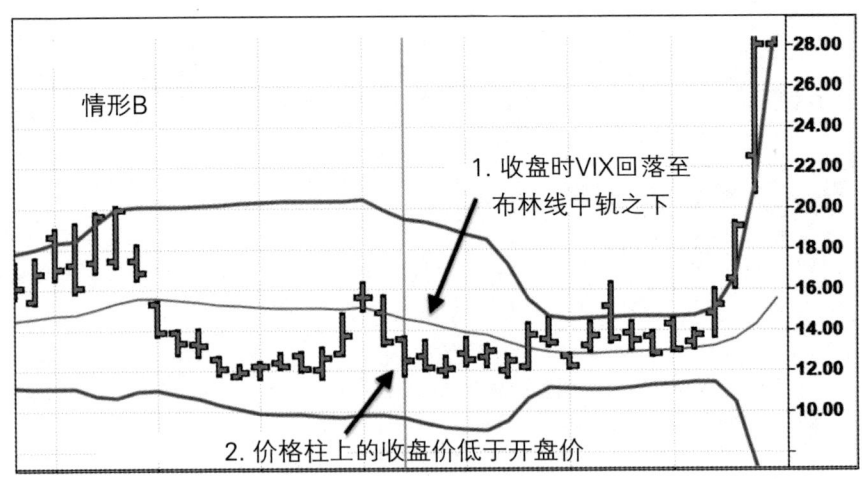

图59　B情形下的VIX信号

运用助涨策略进行交易

（1）我们在收盘前建仓。美国股市的NHNL数据源自大约5000只股票，它们都是独立变化的。随着一天行情的变化，交易共识会逐渐显现，因此，我们进入交易的时间越晚，我们的决策就越有根据。

这意味着我们经常会以当天的最高价买入股票，特别是在某些交易日里，大量需求会在临近收盘时涌入。如果我们想等到第二天再进行交易，希望能在股市回调时抓住更好的入场时机，那么我们可能会完全错失入场机会，尤其是股市一开盘就跳涨时。

我们把最初的保护性止损价设置在触发当日价格柱最低价以下0.5倍ATR处，而且我们不会变动这一"初始止损价"。

（2）一旦持仓，我们就把止损价设置在前一交易日最低价以下1.75倍ATR处。当这一止损价移动到比初始止损价更高的位置时，我们的止损策略就变成了跟踪止损。

我们的初始止损价要离成交价足够近，这样当交易不成功时，我们能够迅速抽身，但这可能需要我们交易更大的头寸规模。如果股市形势一片大好，那么我们的止损价要设置得足够宽松，这样我们才能利用上涨趋势获益。

保护性止损价的设置

我运用21天的回测期计算基于波动性的保护性止损价和ATR通道。一些交易者在设置止损价时会运用更长的回顾期计算ATR通道，但我对二者运用了同样的设置，因为不是人人都会用制图软件运行单独的计算。当运用相同的设置时，我们可以根据图表直观地计算止损价。

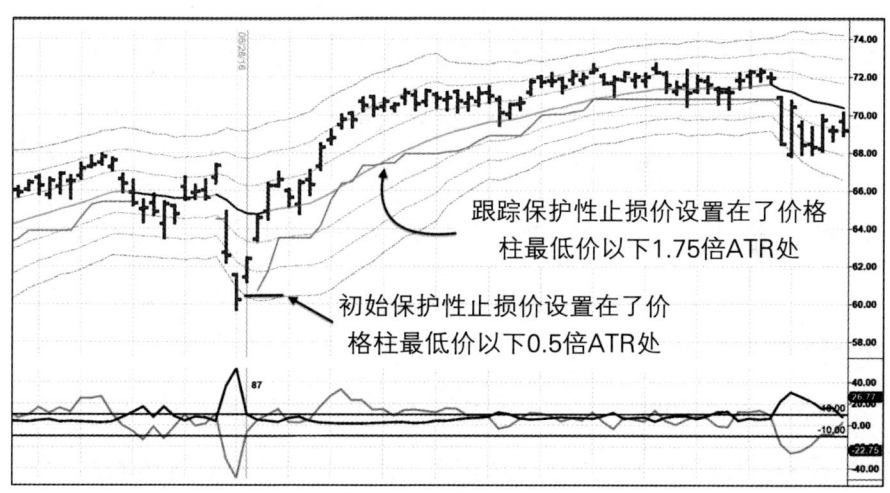

图60　保护性止损价的设置

我已经对位于0.5～0.75倍ATR处的初始止损价和位于最低价以下1.5～2.0倍ATR处的跟踪止损价进行了回测，也审视了设置在-1倍ATR处的跟踪止损价。在所有可能的组合中，跟踪止损价设置在-1倍ATR处、初始止损价设置在0.5倍ATR处的交易产生的利润最高。然而，在整个回测期内

● CHAPTER 16 / 第16章

（如图61所示），这种组合产生的利润仅比跟踪止损价设置在最低价以下1.75倍ATR处的利润高0.6%。

当你运用这两个跟踪止损价审视每笔交易时，你会发现，把止损价设置在-1倍ATR处更令人难以承受，因为个别交易的亏损额可能巨大，但从长远来看，随着趋势的好转，损失会逐渐得到弥补。在最低价以下-1.75倍ATR处设置止损价时，交易的亏损幅度比较小，更容易把握，因此我使用的是0.5倍和1.75倍ATR的组合。

价格反转模式

当触发信号出现时，我们不一定能看到清晰的"V"字形价格反转和价格大跌后反弹情形。当股价在几天内波动幅度很小时，股市就会出现"走走停停"的混乱局面，然后在触发当天，价格跳涨，之后便一发不可收拾。在正常情况下，按照"跳涨价格柱"的收盘价做多不是个好主意，但运用助涨策略时，若所有六个信号均出现，那么我们也可以考虑这么操作。

风险管理

SPY、SSO和UPRO都是流动性很高的ETF，当我们针对SPY运用第一风险控制规则时（持仓规模不得超过流通股的1%），我们注意到，该基金的当前日均交易量为1.293亿份，而且当收盘价为249.92美元时，持仓规模要达到3.23亿美元以上才能超过1%的限额；对于SSO，持仓规模要达到275万美元才能超过1%的限额；对于UPRO，持仓规模要达到263万美元。[1]

另一方面，由于初始止损价设置得比较紧凑，持仓规模很容易符合1%和2%限额但超过20%的限额，由于SSO的流动性较强，愿意冒更多风险的交

---

[1] 根据2018年12月31日的收盘价计算。

易者可以不用管20%的限额，但这也意味着，若他们在波动性比较低、ATR通道比较窄时建仓，他们几乎要把整个账户里的资金都投资于这一ETF中。

序号	SSO（满仓持有）						交易（%）利润/损失	账户（%）利润/损失	年（%）利润/损失
	进入		初始		退出				
	日期	价格（美元）	止损价	份数	日期	价格（美元）			
	2006								
1	2006.7.19	34.57	33.36	826	2006.9.11	36.33	5.09	2.91	2.91
	2007								
2	2007.1.11	41.79	40.99	1196	2007.2.27	42.36	1.36	1.36	
3	2007.3.6	39.83	38.33	667	2007.3.14	38.33	−3.77	−2.00	
4	2007.3.15	39.64	38.77	1149	2007.6.7	46.26	16.70	15.22	
5	2007.6.11	46.09	45.25	1084	2007.6.12	45.25	−1.82	−1.82	
6	2007.6.13	46.35	44.86	671	2007.6.21	45.87	−1.04	−0.64	
7	2007.7.2	46.44	45.25	840	2007.7.24	46.41	−0.06	−0.05	
8	2007.8.21	41.67	40.23	694	2007.10.17	45.92	10.20	5.90	
9	2007.10.26	46.39	44.8	629	2007.11.1	44.80	−3.43	−2.00	
10	2007.11.28	41.94	39.57	422	2007.12.17	41.55	−0.93	−0.33	15.64
	2008年								
11	2008.1.24	35.00	33.33	599	2008.2.29	33.61	−3.97	−1.66	
12	2008.3.18	33.74	31.21	395	2008.5.21	36.55	8.33	2.22	
13	2008.6.16	34.79	33.86	1075	2008.6.18	33.86	−2.67	−2.00	
14	2008.7.22	30.45	28.57	532	2008.7.28	28.57	−6.17	−2.00	
15	2008.10.13	17.75	14.32	292	2008.10.16	14.32	−19.32	−2.00	−5.44
16	2008.11.8	11.82	10.11	585	2009.1.12	12.55	6.18	0.85	
	2009年								
17	2009.3.13	8.90	7.77	885	2009.6.17	12.77	43.48	6.85	
18	2009.7.14	12.65	12.16	2041	2009.9.1	15.38	21.58	11.14	
19	2009.9.4	15.92	15.2	1389	2009.9.25	16.75	5.21	2.31	
20	2009.10.5	16.61	15.93	1471	2009.10.27	17.33	4.33	2.12	23.27
21	2009.11.5	17.45	16.73	1389	2010.1.21	19.53	11.92	5.78	
	2010年								
22	2010.2.2	18.67	17.91	1316	2010.2.4	17.91	−4.07	−2.00	
23	2010.2.11	17.88	16.96	1087	2010.4.16	21.75	21.64	8.41	
24	2010.6.10	18.00	17.05	1053	2010.6.24	17.46	−3.00	−1.14	

续图

序号	SSO（满仓持有）						交易（％）利润/损失	账户（％）利润/损失	年（％）利润/损失
	进入		初始		退出				
	日期	价格（美元）	止损价	份数	日期	价格（美元）			
25	2010.7.8	17.38	16.65	1370	2010.8.11	18.01	3.62	1.73	
26	2010.8.17	18.08	17.57	1961	2010.8.19	17.57	−2.82	−2.00	
27	2010.9.1	17.67	16.81	1163	2010.11.12	21.63	22.41	9.21	
28	2010.11.18	21.67	21.18	2041	2010.11.23	21.18	−2.26	−2.00	17.99
29	2010.12.2	22.58	21.78	1250	2011.1.20	24.67	9.26	5.23	
	2011年								
30	2011.1.26	25.47	25.11	1963	2011.1.28	25.11	−1.41	−1.41	
31	2011.2.1	25.89	25.10	1266	2011.2.22	26.39	1.93	1.27	
32	2011.2.25	26.48	25.85	1587	2011.3.2	25.83	−2.45	−2.06	
33	2011.3.21	25.58	24.97	1639	2011.3.23	24.97	−2.38	−2.00	
34	2011.5.9	27.45	26.87	1724	2011.5.16	26.87	−2.11	−2.00	6%限额
35	2011.5.18	27.27	26.44	1205	2011.5.23	26.31	−3.52	未交易	
36	2011.5.26	26.70	25.93	1299	2011.6.2	26.00	−2.62	未交易	
37	2011.6.14	25.20	24.71	1984	2011.6.15	24.71	−1.94	未交易	
38	2011.6.21	25.47	24.68	1266	2011.6.23	24.57	−3.53	−2.28	
39	2011.6.27	24.84	24.05	1266	2011.7.11	26.49	6.64	4.18	
40	2011.8.15	21.68	20.49	840	2011.8.18	20.21	−6.78	−2.47	
41	2011.9.7	21.40	20.10	769	2011.9.9	20.10	−6.07	−2.00	
42	2011.9.13	20.48	19.40	926	2011.9.22	19.06	−6.93	−2.63	6%限额
43	2011.10.5	19.38	17.87	662	2011.11.1	21.90	13.00	未交易	−6.19
44	2011.12.20	22.59	21.55	962	2012.3.6	26.74	18.37	7.98	
	2012年								
45	2012.3.8	27.5	26.95	1818	2012.4.9	28.04	1.96	1.96	
46	2012.4.12	28.35	27.34	990	2012.4.23	27.34	−3.56	−2.00	
47	2012.6.6	25.48	24.33	870	2012.6.25	25.54	0.24	0.10	
48	2012.7.27	28.25	27.07	847	2012.8.2	27.07	−4.18	−2.00	
49	2012.8.3	28.49	27.80	1449	2012.9.25	30.66	7.62	6.29	
50	2012.11.19	28.43	27.55	1136	2012.12.27	29.60	4.12	2.66	15.00
	2013年								
51	2013.1.2	31.65	30.77	1136	2013.2.21	33.57	6.07	4.36	

续图

序号	SSO（满仓持有）								
	进入		初始		退出		交易（%）	账户（%）	年（%）
	日期	价格（美元）	止损价	份数	日期	价格（美元）	利润/损失	利润/损失	利润/损失
52	2013.2.22	34.14	33.4	1351	2013.2.25	33.40	−2.17	−2.00	
53	2013.2.27	34.13	32.88	800	2013.4.5	35.29	3.40	1.86	
54	2013.4.9	36.58	35.92	1366	2013.4.15	36.29	−0.79	−0.79	
55	2013.4.23	37.01	35.85	862	2013.5.23	39.99	8.05	5.14	
56	2013.6.7	40.21	38.99	820	2013.6.12	38.99	−3.03	−2.00	
57	2013.6.26	38.26	37.29	1031	2013.8.15	41.72	9.04	7.13	
58	2013.8.22	41.01	40.11	1111	2013.8.27	40.11	−2.19	−2.00	
59	2013.9.4	40.83	39.66	855	2013.9.25	42.90	5.07	3.54	
60	2013.10.10	42.77	41.45	758	2013.12.4	47.57	11.22	7.27	22.51
61	2013.12.18	49.12	46.4	368	2014.1.13	49.63	1.04	0.38	
	2014年								
62	2014.2.6	47.12	45.61	662	2014.3.13	51.14	8.53	5.32	
63	2014.3.31	52.65	51.84	949	2014.4.7	51.84	−1.54	−1.54	
64	2014.4.9	52.66	51.00	602	2014.4.10	51.00	−3.15	−2.00	
65	2014.4.16	52.03	50.65	725	2014.5.15	52.53	0.96	0.72	
66	2014.5.19	53.47	52.34	885	2014.6.12	55.90	4.54	4.30	
67	2014.8.13	57.22	56.15	935	2014.9.23	59.57	4.11	4.39	
68	2014.10.3	58.54	57.15	719	2014.10.7	57.15	−2.37	−2.00	
69	2014.10.20	54.78	52.63	465	2014.11.9	63.00	15.01	7.65	17.23
70	2014.12.18	64.39	61.93	407	2015.1.2	63.52	−1.35	−0.71	
	2015年								
71	2015.1.22	64.32	61.22	323	2015.1.28	61.22	−4.82	−2.00	
72	2015.2.3	63.44	61.06	420	2015.3.6	65.12	2.65	1.41	
73	2015.3.12	64.71	63.03	595	2015.3.25	65.02	0.48	0.37	
74	2015.3.27	64.24	63.07	778	2015.4.30	65.50	1.96	1.96	
75	2015.5.4	67.65	66.87	739	2015.5.5	66.87	−1.15	−1.15	
76	2015.5.8	67.79	66.61	737	2015.5.12	66.48	−1.93	−1.93	
77	2015.7.10	65.43	64.13	764	2015.7.24	66.15	1.10	1.10	
78	2015.7.29	67.41	65.87	649	2015.8.6	65.87	−2.28	−2.00	
79	2015.8.10	67.26	65.90	735	2015.8.11	65.90	−2.02	−2.00	

续图

	SSO（满仓持有）						交易 （%）	账户 （%）	年 （%）
	进入		初始		退出				
序号	日期	价格 （美元）	止损价	份数	日期	价格 （美元）	利润/ 损失	利润/ 损失	利润/ 损失
80	2015.8.27	59.80	56.33	288	2015.9.1	56.09	−6.20	−2.14	6% 限额
81	2015.10.5	59.61	57.36	444	2015.11.12	64.35	7.95	4.21	
82	2015.11.18	65.72	63.33	418	2015.12.3	63.76	−2.98	−1.64	−4.51
	2016年								
83	2016.1.21	52.62	50.39	448	2016.2.8	51.16	−2.77	−1.31	
84	2016.2.12	52.34	49.7	379	2016.4.29	64.07	22.41	8.89	
85	2016.5.10	65.41	63.76	606	2016.5.16	63.76	−2.52	−2.00	
86	2016.5.20	63.50	62.53	787	2016.6.16	65.40	2.99	2.99	
87	2016.6.28	62.39	60.45	515	2016.8.26	70.85	13.56	8.72	
88	2016.11.7	68.64	66.94	588	2016.12.30	76.13	10.91	8.81	26.10
	2017年								
89	2017.2.3	79.95	78.85	625	2017.3.9	84.50	5.69	5.69	
90	2017.3.15	86.56	84.88	577	2017.3.21	84.88	−1.94	−1.94	
91	2017.3.28	84.51	82.40	474	2017.4.13	82.82	−2.00	−1.60	
92	2017.5.19	86.37	85.12	578	2017.6.27	89.16	3.23	3.23	
93	2017.8.14	92.68	91.49	539	2017.8.17	91.49	−1.28	−1.28	
94	2017.8.22	91.70	89.79	524	2017.10.25	99.35	8.34	8.01	
95	2017.11.16	102.10	100.67	489	2017.12.1	104.01	1.87	1.87	13.97
	2018年								
96	2018.2.12	107.04	102.50	220	2018.3.1	107.57	0.50	0.23	
97	2018.3.5	112.41	106.26	160	2018.3.19	110.98	−1.27	−0.46	
98	2018.4.5	107.06	104.13	340	2018.4.6	104.13	−2.74	−1.99	
99	2018.7.5	112.70	109.97	366	2018.7.30	117.61	4.36	3.59	
100	2018.8.16	121.36	119.88	411	2018.10.4	126.01	3.83	3.82	
101	2018.10.16	118.19	113.28	203	2018.10.22	113.28	−4.15	−1.99	
102	2018.11.1	111.85	107.17	213	2018.11.14	109.01	−2.54	−1.21	
103	2018.11.26	106.54	102.93	277	2018.12.4	108.57	1.91	1.12	3.12
	平均收益率（%）		4.39				年均收益率（%）		10.89
	平均亏损（%）		−1.71						
			38.95	RRR					

续图

序号	SSO（满仓持有）							交易（%）	账户（%）	年（%）
	进入			初始		退出				
	日期	价格（美元）	止损价	份数		日期	价格（美元）	利润/损失	利润/损失	利润/损失
			盈利	51						
			亏损	48						
			未采用	4						

图61 运用助涨策略的103次触发的回测结果表

注：5万美元的SSO模拟账户回测结果，其中每笔交易最多承担2%的风险，不考虑20%的风险限额，期间满仓持有，不包括股息，没有保证金。

遵守20%的限额通常意味着，我们投入的资金量相对于我们账户的资金规模很小，当波动率较高且ATR通道较宽时会发生这种情况，此时初始止损点远低于进场价格（以美元计）。在这种情况下，尽管我们抓住了市场反弹的大好机会，但由于交易额很少，我们的收益可能会令人失望。

回测结果

无论市场条件或交易技巧如何，上述结果中包含了每次有效的触发。观察在各种市场条件下盲目地运用这一策略进行交易会产生什么结果是有好处的，知道了最糟糕的情况后，我们就更有信心进场交易了。年末做出的交易可能持续到来年。

进场价以触发当日的收盘价计算，在真实的交易中，我们的进场价会略有不同，因为我们通常在收盘前15分钟进场。

当持有的SSO在开盘时跳跌而且以低于保护性止损价的价格交易时，开盘价就是离场价。由于SSO的流动性较高，市价单几乎总是在开盘时或在开盘不久后被执行。

当两次助长触发信号接连出现而且第一笔交易没有被平仓时，第二次触发会被忽略。在现实中发生这种情况时，激进的交易者可能想增加持仓量，因为这是明显的看涨信号。

在上述两种情况下，价格会回调并短暂地停留在止损水平，之后价格反转并走高。在现实中，止损单可能不会被触发，或者可能被部分执行（具体看持仓规模）。然而，为了便于回测，我们假定两种订单都被完全执行了。

2011年，6%的风险限额生效了两次。第一次是利用它阻止了三次后续触发导致的6.06%的损失，第二次利用它则错失了3.34%的收益。2015年也运用了该限额，但由于在离场的月份中没有任何助长的触发出现，因此它对结果也没产生什么影响。

由于这是一种机械地跟踪市场的交易策略，因此当损失达到6%时，我会离场观望1个月，即使6%的损失是在30多天的时间里累积形成的。遵守滚动30天（1个月）的6%限额能中断交易者的接连亏损，而且这一方法能避开市场的接连亏损。

股息、交易费用和通货膨胀

股息和交易费用会影响交易结果，通货膨胀和利润再投资能增加账户余额，但为了简单起见，我们假设账户余额一直保持在5万美元。如潮汐策略一样，我们得到的股息应当足以支付交易费用，而且从长远来看，要能大大增加我们的收益。图61显示的结果中不包括股息。

结果分析

助涨策略就像一把竖琴，触发就是琴弦，它给模拟账户带来的年均收益率是10.89%。然而，这应当被视为最坏的结果，也就是说，这是交易者机械地运用该策略时得到的结果。经验丰富的专业人士运用这一策略会得到更丰厚的收益，就像专业的竖琴演奏家能用竖琴演奏出更动听的音乐一样。

在这103次触发中，有51次是获利的，有48次是亏损的（其中有4次是因为风险达到了6%的上限而未交易）。运用该策略时，获益的比率是51.5%，风险回报率为38.95%（1.71/4.39），另外，它很符合20%的风险限额要求。

收益率最高的交易发生在2009年6月（第17号），收益率为43.48%，但由于持仓规模的原因，此次交易仅使账户余额增加了6.85%。亏损率最高的交易发生在2008年10月（第15号），亏损率为19.32%，由于风险管理得当，此次亏损仅导致账户余额减少了2%。

在绩效最好的年份（2009年）里，触发交易的次数最少（5次），而且这些交易都是盈利的。在绩效最糟糕的年份（2011年）里，触发的交易多达15次，而且其中有11次是亏损的，包括连续7次出现的亏损，这似乎验证了这一观点：较少交易更能盈利。

在99次退出交易中，有5次价格跳跌到了保护性止损价以下，其中有4次发生在2011年。在整个回测期内，导致账户余额损失最大的单笔交易发生在2011年9月22日，当时股价跳跌，致使账户损失了2.63%，这样的结果虽令人痛苦，但末日并未来临。

进一步审视信号

当该策略生效时，助长信号和悲观情绪信号都是确定无疑的，它们会走出助长通道，又以对称的"伸缩"模式返回通道内。这与它们在大多数情况下表现出来的杂乱无章的模式形成了鲜明的对比。就好像市场向它们发出了命令，它们迅速地形成了正确的形态一样。

六个信号在同一天出现时进行交易是最盈利的，然而，一天内出现三四个信号、其余信号在大约一天后出现也是可接受的。信号出现的顺序无关紧要，只要我们进入交易的当天所有信号都存在即可。

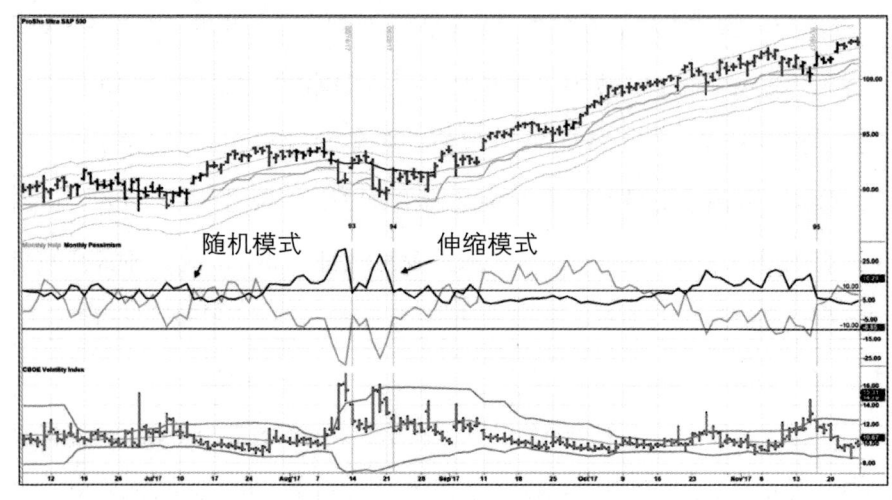

图62　助长通道的伸缩模式

最重要的是，如果我们从助长通道中获得了两个信号，但其他信号未在5天内出现，那么我们就不要进入交易。此时，我们应认定这两个信号是无效的，要等待新一轮信号出现。

助长指标

我们需要密切观察成交量或MACD-H指标的小幅波动才能从中得到某些启示，但助长指标与它们不同，一次良好的助长触发就跟其他良好的设置一样，我们不需要用放大镜就能看清它。

我们很容易将助长通道调整到9%或11%，这会纳入或排除少量信号，但整体的影响不大。良好的助长信号是显而易见的，这些线条会突然跑到通道之外然后又很快返回。

助长指标就像一个支撑/阻力区域，其内部具有一定的弹性。别忘了，它是衡量市场内部持续变化的失衡情况的指标。我们计算的是过去一个月以来价格创新高和新低的股票的数量，衡量的是一个月内乐观和沮丧情绪的峰值，因此我们不必为半个点的情绪争论不休。

悲观情绪指标

若交易有成功的机会，则该指标必位于助长通道之内。虚假的积极信号[①]有这样一个共性：悲观情绪指标沿着上轨线上下震荡，呈"之"字形前行。在成功的交易中，该指标会突破通道，然后又回落至通道以内，而且在熊市蛰伏期间，它会在通道内呆很长时间。

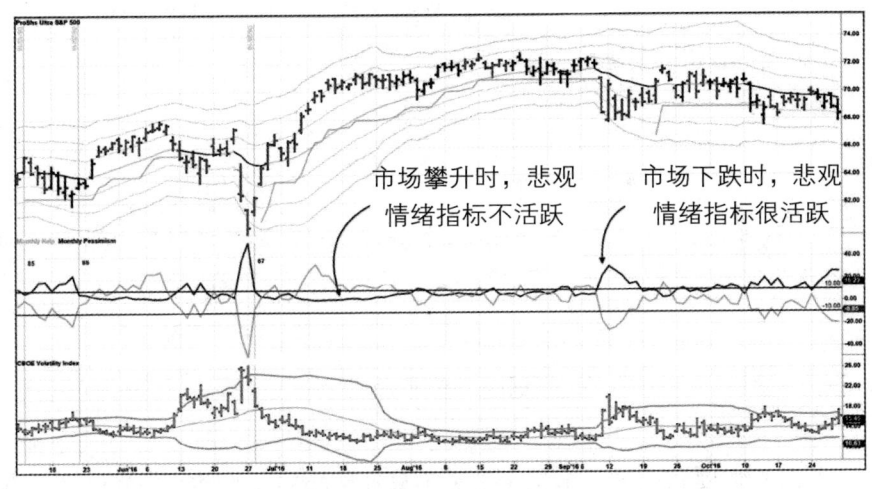

图63　关注悲观情绪指标

事实上，悲观情绪指标本身就可被视为市场内部指标使用。由简单的逻辑可知，要使市场指数连续创出月度新高，10%以上的股票就不能连续创出月度新低。市场指数和悲观情绪指标可能在短期内背离，但持续的时间

---

① 我将虚假的积极信号界定为助涨策略给出了可靠的触发，六个信号全部出现，但市场反弹很短暂，最终交易亏损或者不亏不盈。

CHAPTER 16 / 第 16 章

不会太久!

牛市中的交易

在强劲的牛市中,助长指标触发的交易很少(因为市场回调的次数较少),而且一旦交易被触发,订单很快就会被执行。在这些情况下,助长指标可能不会降到助长通道的下轨之下,而是会紧贴着它。

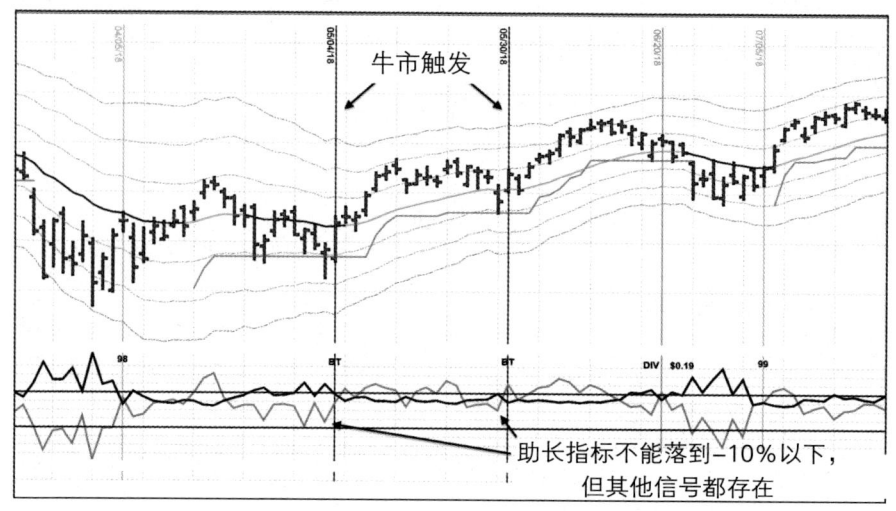

图64　牛市触发

此时我们要认可这一事实:贪婪不算什么坏事。当助长指标回调、几近发出信号,但其他信号没有出现或者没有全部出现(特别是悲观情绪指标)时,积极的交易者可能会进行交易,因为"牛市触发"通常提供了最盈利的机会。

例如,2017年12月8日的牛市触发产生了12.6%的利润,2018年1月31日,交易被平仓。这笔交易还获得了每股0.16美元的股息。回测期间曾出现过多次牛市触发(在第98和99号触发之间还出现过两次,见图64),但我没有在结果中列出它们。

熊市中的交易

在熊市中，股市可能会出现短暂的反弹，但形不成上涨趋势。在这种情况下，交易者应该利用触发交易（采用日波动交易风格）捕捉修正性回升时机。这些交易应该会持续几天，而且在最初的反弹势头开始减弱后，交易者应该全部清仓。在熊市中，大多数可靠的触发都能提供有利的逆趋势波动交易机会。

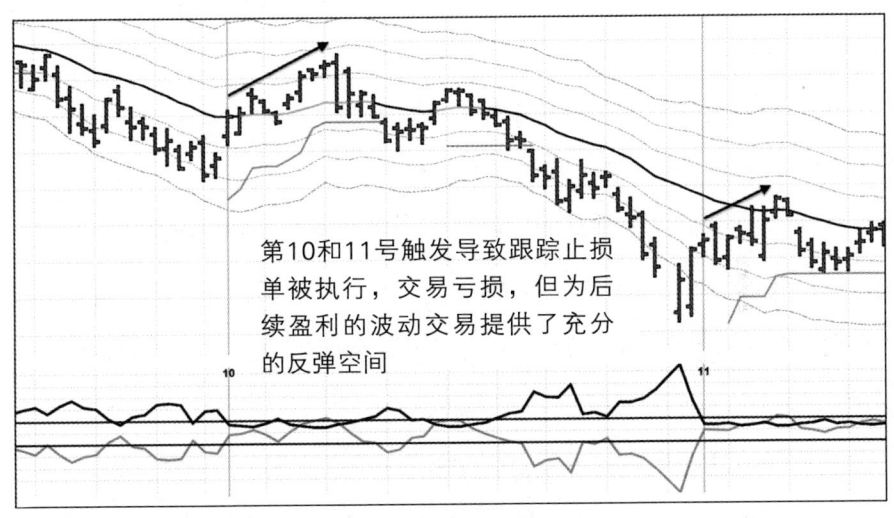

图65　熊市中的波动交易

虚假的积极触发：市场内部信号

在股市大跌之前，"助涨策略"往往会得到一系列虚假的积极触发。例如，在2011年和2015年，该策略引发了一系列的市场触发，但市场并未实现反弹，相反，市场在下跌之前处于横盘状态。

在市场反弹和助长触发之后，急切的买家会涌入市场买入股票，这吸收了当前价格水平上的股票供给，推动市场走高。如果没有出现这样的结果，这说明繁荣的市场表象背后存在严重的负面情绪。如果初始信号出现后市场没有任何跟进，而且悲观情绪指标始终位于助长通道之上（大于10%），那么这说明存在严重的问题。

混合交易风格和经验

如果我们的分析表明，市场正处在过渡阶段，或者我们不想满仓持股，我们可以运用波动交易策略，抓住最初的反弹机会减掉一半或三分之一的仓位，将部分利润收入囊中，然后，对剩余的头寸设置跟踪止损价，利用上涨趋势获益。

利用这种混合风格能左右逢源。尽早把部分利润落袋为安后，我们保持了合理水平的仓位，还能从趋势中获利。

这种方法在股市出现急剧的修正后特别有效，因为最初下探的低点常常会再次面临考验，但是，有些盈利的交易只经历了一次下探，没有出现"双底"形态。解决此问题的一种方法是，在股市修正后的第一次触发中减小持仓规模，当低点再次面临考验时加满仓。

此时自主决策能使经验丰富的交易者显著提高该策略的盈利性。助涨策略会不断地提供盈利机会，但如何利用这些机会取决于我们自己。

实时交易与跟进

在"四条腿"中，我提到过，"小册子中描述的策略看起来很棒，但把它们运用于交易实践时，它们通常没什么效果。"考虑到这一问题，我从2017年8月开始录制运用这一策略的视频，之后不久便出现了第94号触发，这笔交易的利润率高达8.34%，使模拟账户的余额增加了8.01%。第103号触发是2018年发生的最后一笔交易，第104号触发出现于2018年12月31日，但此次交易的头寸一直保留到了2019年，因此上面列示的回测结果中不包含它。

作为本书的后续部分，我在网站murphytrading.com上提供了完整的教学计划，包括上述视频。我会继续在自己的账户中运用这一策略。

助跌策略

图66　2018年助跌策略的触发

"助涨策略"只适合做多，当市场一路下跌时，利用该策略无法盈利，为此，我们制定了"助跌策略"。该策略也适用NHNL数据，只不过角度不同。众所周知，洞察市场回调的时间极为困难，更不用说捕捉市场高点了，因此做空策略更难制定。

"助跌"的基础是三个助长指标和价格的背离程度。到目前为止的所有结果均表明，最佳的触发具有8~12天的背离峰值。当长期的结果证实了我最初的分析时，我计划整合这些策略并运用它们从事反向交易。

● CHAPTER 16 / 第 16 章

　　例如，在助涨策略的第95号和96号触发之间，即在2018年2月市场出现修正的三天前，助跌策略发挥了作用。2018年10月4日，助涨策略的第100号触发即将被平仓，助跌引发了对市场的做空交易。在我的真实账户中，我取消了助涨交易的保护性止损单并反向持仓。审视图66的右侧，看看接下来发生了什么！

第 17 章

一切才刚刚开始

要从钻石矿中提炼出钻石，必须先处理数千吨的泥土和岩石，这是巨大的工程，需要动用挖掘机、自卸车、输送机和筛选设备。而且，通常情况下，钻石矿位于茫茫荒野，周边的城镇到处都是"骗子"。

金融市场也是一座钻石矿，但是，我们当中有多少人为在恶劣的环境中工作做好了准备呢，特别是当我们大多数人手里只有筛子和铲子这样简单的工具时？

做交易需要付出和努力，我们必须挖掘大量的数据，绘制大量的图表，通常情况下我们唯一的收获就是少许利润。但这样做是值得的，因为有时我们的铲子里会出现一颗璀璨的大钻石，我们只需要把它捡起来即可。而且，市场这座矿山是独一无二的，含毛坯钻石的矿层永远都在那里，不会凭空消失。

当你在市场上交易时，你不会获得任何致富的保证。然而，从我的经验和其他专业交易者的真实经历来看，只要你能坚持不懈地努力下去，你一定会有所斩获。

你能收获多少取决于你从本书中吸取了哪些养分。

祝你顺利！

致谢

亚历山大·埃尔德鼓励我撰写本书并为它作了序，在此对他致以深深的谢意，本书中有关风险管理、交易方式和记录的内容都深受他的影响。

关于技术分析、股票筛选和交易工具的内容得益于克里·洛夫恩给我的意见和建议。他很重视对事实数据的分析，而且认为要在这些分析基础上解释市场，他的严谨作风给我留下了深刻的印象，我对他深表谢意。

情人节当天，我决定为自己钟爱的事业做点什么，于是我在Spiketrade.com完成了注册并成为了付费用户。在这个在线社区中，认真的交易者们在友好和谐的氛围中切磋交流，他们为我撰写本书提供了很多启发和建议。感谢该网站的会员们！

当我在电脑前敲字时，我的经纪人泰德·波南诺（Ted Bonanno）正在纽约四处忙活。卡罗尔·凯恩（Carol Kayne）校对了初稿，哈里曼出版公司（Harriman House）的克里斯托弗·帕克（Christopher Parker）将全书内容进行了分类整理，并监督了封面设计和页面布局，之后利兹·伯恩（Liz Bourne）校对了终稿，感谢他们所有人提供的帮助。

安妮·希恩（Anne Sheehan）和莫里斯·克雷敏（Maurice Cremin）审读了**"六大优势"**，他们提醒我，动机对人类的一切行为都至关重要。我还要感谢西科克（West Cork）佐根比拉（Dzogchen Beara）的人们，他们就如生长在岩石峭壁中的圣洁莲花。

我的母亲娜拉（Nora）出生在华尔街崩盘期间，堪称不断创造美好生活的典范。她教会了我所有关于支撑和阻力的知识。感谢她多年来为我付出的一切，尤其是在我撰写本书时，她常常默默地为我端茶倒水。

我的父亲马特（Matt）说过很多话，包括"一切唯心造"，20年后，我在法国的一座山顶上度过了一个月，那时我才意识到，他说的是对的，本书的许多内容都体现了他务实和敢于冒险的精神。

我的女儿卡门（Carmen）在工作之余帮我整理了回测策略的内容，我的儿子本（Ben）则时常与我一起运动，锻炼身体，感谢他们俩！

最后，但也是最重要的是，我要感谢我的妻子西奥班·克丽·黑格蒂（Siobhan'Curly'Hegarty）。不幸的是，2018年7月，就在本书终稿发给出版商不久，她就溘然长逝了。没有她的忍耐和理解，我无论如何也不可能完成本书，因此我要把它献给她。